KB040153

언제든 다시 시작할 수 있는

용기

What's Holding You Back?
: 30 Days to Having the Courage and Confidence to Do
What You Want, Meet Whom You Want, and Go Where You Want

What's Holding You Back ?

자신감, 내 인생을 바꿀 두 번째 기회

샘 혼 지음 | 이상원 옮김

언제든 다시 시작할 수 있는

용기

갈매나무

Contents

"당신의 현재 모습에 기뻐하기를,
현재 모습을 넘어서겠다고 다짐하기를…."

나는 남부 캘리포니아의 산골 마을에서 자랐다. 사람보다 말이 더 많은 곳이었다. 책, 텔레비전, 영화 잡지를 벗 삼아 지내던 어린 시절에는 늘 '저 멀리 넓고 큰 세상'을 동경했다. 할리우드 영화배우들에 관한 기사나 사진을 수집하며 그 완벽한 삶을 부러워했다. '누구 앞에 서든 기가 죽거나 어색함을 느끼는 일 없이 살면 정말 멋질 거야. 언제 어디서나 무슨 말을 하면 좋을지 다 알 테니 말이야'라고 생각하면서 말이다. 나도 자라면 그들처럼 멋있고 당당한 사람이 되고 싶었다.

대학을 졸업한 후 나는 사우스캐롤라이나 주의 힐튼헤드아일랜드에서 취직했다. 부유한 사람들이 오는 휴양지였다. 내가 늘 동경해 마지않던 돈 많고 유명한 인물들과 직접 마주칠 기회를 얻었던 것이다. 그런데 놀랍게도 그중 많은 이들이 내 생각과는 전혀 다른 모습이었다. 비즈니스계의 한 거물은 청중 앞에 나서서 연설해야 한다는 생각만으로 심한 공포감에 질리곤 했다. 좋아하는 사람에게 데이트를 신청할 용기가 없어 우물쭈물하는 스포츠 스타도, 호화로운 요트를 타고 세계를 누비면서 얼굴에서 지루한 표정을 지우지 못하는 부부도 보았다.

나는 궁금해졌다. 온 세상이 그 사람들을 위해 움직이는 것 같은데, 어째서 그들은 자기 자신이나 자기 삶을 좋아하지 않는 걸까? 그렇게 유명한 사람이 나 같은 평범한 사람과 다름없이 불안감이나 공포감에 시달린다니 말이 되나? 다른 한편으로 나는 완벽하게 자신감 넘치는 사람들도 만나보았다. 물론 그들 중에는 물질적으로 부유한 사람들도 있었지만 그렇지 않은 사람들도 많았다. 이들의 공통점은 자기와 상대를 모두 편안하게 만들어준다는 것, 남에게 인정받고 싶은 불안감을 극복했다는 것이었다.

이러한 경험들로 인해 나는 자신감이 꼭 겉으로 보이는 외부 요소에 따라 결정되지 않는다는 점을 깨달았다. 그렇다면 무엇이 우리를 자신 있게, 혹은 자신 없게 만드는 것일까? 나의 평생에 걸친 의문이 시작된 것이다. 나는 본문에도 소개되는 설문지를 사용해 기업인, 법조인, 교사, 판매원, 예술가, 심리학자, 전업주부, 어린이 등 다양한 이들에게 질문을 던지기 시작했다.

조사 결과, 자신감은 선천적인 특성도, 남다른 성공의 부산물도, 초인적인 노력으로만 얻을 수 있는 성과도 아니었다. 자신감은 누구나 얻을 수 있다. 때문에 지금보다 자신감을 더 크게 키우는 일은 얼마든지 가능하다. 과거나 현재의 상황은 중요하지 않다.

여러 해에 걸친 노력 끝에 나는 마침내 자신감을 키우는 몇 가지 비결을 정리해낼 수 있었다. 그리고 1979년에 워싱턴의 통신대학교 공개 워크숍에서 처음으로 자신감에 대해 다루기 시작했다. 나는 일상적인 상황에서 얼마든지 마주칠 수 있는 장면들을 중심으로 이야기를 풀어나갔다. 워크숍이 회를 거듭할수록 참석자들에게서 들을 수 있는 경험담과 교훈도 급속히 늘어났다. 심리치료사 버지니아 사티어 Virginia Satir는 "당신의 현재의 모습에 기뻐하기를, 또한 현재 모습을 넘어서겠다고 다짐하기를 바랍니다"라고 말한 바 있다. 이 책의 목표도 바로 그것이다.

이 책에서 당신은 언제 어디서든, 누구와 어울려서든 자신감을 느끼고 자신 있게 행동하기 위한 방법을 배우게 될 것이다. 지루한 이론 설명에 지면을 낭비하지는 않겠다. 이 책의 쓰임새는 고민보다는 실천을 위한 것이니 말이다.

이 책은 독자들이 직접 실천하는 데 도움을 주고자 모두 서른 개 장으로 구성했다. 각 장 첫 부분에는 그날의 과제를 알려주는 '오늘을 위한 한마디'가, 마지막 부분에는 행동 계획으로써 '오늘의 자신감 연습'이 제시된다. 이를 통해 그날 배운 내용을 실생활에 응용할 수 있을 것이다. 시인 랄프 왈도 에머슨Ralph Waldo Emerson은 "활력은 전염된다"고 하였는데, 자신감도 역시 전염성이 있다. 한번 시작하면 결국 사고와 행동이 모두 자신 있게 바뀔 것이다.

천 리 길도 한 걸음부터 시작된다는 말을 기억하는가? 오늘부터 매일 한 장씩 읽고 그 귀한 한 걸음을 내디뎌보라. 한 장을 읽는 데 채 15분도 걸리지 않을 것이다. 아무리 바쁜 직장인이라도 부담스럽지 않을 시간이다. 당신의 생각과 행동, 관계를 변화시키는 일에 매일 15분씩 투자할 마음이 있는지 자문해보라. 그렇다는 대답이 나오면 이제 주저하지 말고 책장을 넘기면 된다. 당신은 더 자신감이 넘치는 사람이 되기 위한 여정에 벌써 한 걸음 내디딘 셈이다. 그 여정을 계속하다 보면 언제든 다시 시작할 용기를 갖춘 사람, 자신감을 만끽하는 사람으로 성장해가는 자신을 발견할 수 있을 것이다.

What's Holding You Back?

1부

실패를 잊고 **다시 시작**할 시간

자신감의 6C 이해하기

어디서부터 시작해야 할지 모른다면 시작할 수 없다.

– 조지 패튼 장군George Patton

Day 01

"자신감 넘치는 내 새로운 삶이 시작된다."

:: 오늘을 위한 한마디

시작이 중요하다. – 호레이스Horace(로마 시인)

당신의 자신감을 북돋은 것과 방해한 것이 무엇인지 생각해보라. 그리고 현재로 돌아오라! 과거를 돌이켜보라는 말이 곧 거기 머무르라는 뜻은 아니다. '자기를 아는 것이 발전의 시작'이라는 스페인 속담이 있다.

일단 자신의 '자신감 이력'을 살펴보았다면 이제부터는 자신감을 키우는 데 집중할 때이다. 당신의 새로운 삶이 바로 오늘 시작될 것이다.

과학자들은 수줍음 유전자를 발견했다. 벌써 몇 해 전에 발견할 수도 있었지만 다른 유전자들 뒤에 숨어버리는 바람에 늦어졌다고 한다.

- 조나단 카츠Jonathan Katz(코미디언)

어떤 때는 자신감이 넘치지만 또 어떤 때는 그렇지 못한 이유가 궁금한가? 어떤 상황에서든 편안하게 행동하는 사람이 있는 반면, 집 밖을 나서기도 힘든 사람이 있는 까닭은 무엇일까?

사실 이건 당신 혼자만의 궁금증이 아니다. 매번 워크숍을 진행할 때마다 참석자들은 내게 이런 질문을 던진다. 한 여성의 질문을 예로 들어보자. "제 여동생은 늘 자신감이 넘치는데 어째서 저는 그렇지 못할까요? 동생은 주목받기를 좋아하고 누구와 만나든 즐겁게 이야기를 나누지만, 전 사람들에게 인사말을 건네기조차 힘들어요. 동생은 사람들이 자기를 어떻게 생각하든 별로 신경 쓰지 않지만 전 늘 그런 걱정에 시달리죠."

바로 이 질문 속에 우리 궁금증의 핵심이 담겨있다. 자신감의 존재 여부를 결정하는 것은 무엇인가? 위에 인용한 조나단 카츠의 말과 달리 '수줍음 유전자'만이 우리의 자신감에 영향을 미치는 것은 아니다.

이 장에서는 자신감을 주는 여섯 가지 요인을 소개하고 간단히 설명하고자 한다. 그리고 다음 장부터 본격적으로 어떻게 이러한 요인들을 우리에게 유리하게 활용할지를 다룰 것이다.

이해하지 못하는 것이라면 가질 수 없다.

─ 괴테Johann Wolfgang von Goethe(작가)

    자신감이 어떤 요소로 구성되는지 이해하는 것은 자신감을 갖기 위한 첫 단계이다. 다음 요소들을 살펴보며 당신에게는 각각의 요소가 자신감을 북돋아주는 방향으로 작용하는지, 아니면 그 반대인지 생각해보라.

● 자아 개념Concept

    당신은 자신을 어떤 존재로 생각하는가? 당신은 어떤 유형의 사람인가? 어떤 형용사를 사용해 자신을 묘사할 수 있는가? 미국 작가 루이스 아우킨클로스Louis Auchincloss는 "에너지는 우리를 살게 하는 유일한 요소이다. 그 에너지란 결국 삶을 좋아하는 것이 아닐까?"라고 반문하기도 했다. 요컨대 자신감이란 곧 나 자신을 좋아하는 것이 아니겠는가.

    당신은 자신을 긍정적으로 보는가, 부정적으로 보는가? 스스로에게 붙인 별명은 칭찬을 담고 있는가, 아니면 비난하는 투인가? 가령 "난 손재주는 영 젬병이야"라고 말하며 스스로의 능력을 한정짓고 있는가, 아니면 "난 꽤 유능한 사람이야"라고 하며 무한한 가능성을 부여하는가? 당신은 자신과 자신의 능력을 존중하고 있는가? 그다음에는 당신의 이상적인 모습을 그려보자. 어떤 존재가 되고 싶은가? 당신이 되고 싶은 그 존재에게 어떤 형용사를 붙여 묘사하겠는가? 어떤 특징을 부여하겠는가?

당신의 현재 모습과 당신이 원하는 이상적인 모습은 서로 얼마나 다른가? 두 모습이 거의 비슷하다면 당신은 긍정적인 자아 개념을 갖고 있는 것이다. 현재 모습이 곧 당신이 원하는 모습인 만큼 아마 자신감도 충분할 것이다. 반면 그 둘 사이에 공통점이 전혀 없다면, 자신감도 없을 가능성이 높다. 자신의 모습이 원하는 모습과 전혀 다르니까. 다시 말해 당신은 자신의 기대치에 현저히 미치지 못하는 상황이라 할 것이다.

그런데 여기서 반드시 짚어보아야 할 부분이 있다. 현실의 자기 모습에 대한 당신의 생각이 과연 옳은가? 우리 인간에게는 자신에 대해 냉혹한 평가를 내려 실제보다 훨씬 부정적으로 인식하는 경향이 있다. 못하는 일에만 초점을 맞추고 잘하는 일에는 좀처럼 점수를 주지 않는 것이다. 그렇다. 이건 불공평하다. 자기를 바라보는 눈이 상대적으로 훨씬 야박하다면 자신감을 갖기란 거의 불가능하다.

몇 가지 질문 또한 던져보아야 한다. 당신이 원하는 이상적인 모습은 실현 가능한 것인가? 도달할 수 없는 목표를 세운다면 실패할 수밖에 없다. 당신은 완벽주의자인가? 무조건 완벽을 추구하다가는 자칫 자신감을 포기해버릴 수도 있다. 마지막으로 중요한 질문은 당신이 스스로에게 어떤 태도로 말하는가이다. 당신 머릿속에서 모든 것을 관찰하고 추측하는 그 작은 목소리는 당신을 돕고 있는가, 방해하는가? 당신에게 힘을 주는가, 아니면 의지를 자꾸만 상실하게 만드는가?

● 대화 능력 Communication Skills

크라이슬러 회장을 지낸 리 아이어코카 Lee Iacocca는 "사람들과 잘 어울리지 못하면 사업을 할 수가 없다. 사업에서는 사람이 전부이기 때문이다"라고 하였다. 맞는 말이다. 사람들과 잘 지낼 수 없으면 어디에도 소속감을 가질 수 없다. 대인관계 능력은 당신의 자산인가, 아니면 취약점인가? 상대가 당신을 존중하고 협력할 마음이 들게끔 대화를 이끌 수 있는가?

'인기'라는 말은 학창 시절 이후에는 잘 쓰지 않는 경향이 있지만 이 역시 자신감 영역에서 중요하다. 사람들 사이에서 인기가 있다는 건 곧 인정과 사랑을 받는다는 의미이다. 당신은 어떤가? 인정과 사랑을 받고 있는가, 아니면 고립감이나 소외감을 느끼는가? 인간관계의 질은 대화의 질과 비례한다. 말을 통해 교육하고 즐기고 깨우치고 영감을 주는 능력은 곧 권력이라 할 수 있다. 일이 되도록 하는 힘 말이다.

당신은 자신의 아이디어, 희망, 권리, 필요를 적절히 표현해 실현할 수 있는가? 실제로 내가 바라는 바, 필요로 하는 바를 어떻게 표현하느냐에 따라 남들과의 관계가 결정된다. 당신은 상대에게 원하는 바를 제대로 전달할 수 있는가? 아니면 결정적인 순간, 자기도 모르게 혀가 굳어버려 자기 생각을 전달하는 데 실패하기 일쑤인가?

● 능력Competence

당신이 잘하는 것은 무엇인가? 일정 수준 이상의 경지에 오른 기술이나 운동, 취미가 있는가? 당신은 현재 자기 능력을 증명해 보일 수 있는가, 혹은 틈만 나면 '왕년에……'를 중얼거리는 유형인가? 능력은 곧 자신감이다. 하지만 우리는 능력을 키워주는 활동을 여러 가지 이유로 거부하곤 한다.

작가 앤 브론테Anne Brontë도 "능력은 사용할수록 커진다"라고 했다. 능력을 사용하지 않으면 이를 증명할 기회 역시 없고, 그에 따라 자신감까지 급격히 떨어질 것이다. 가령 자기 정체성을 일과 경력에서 찾는 경우, 실직 상태는 자기 불신을 낳기 쉽다.

● 통제Control

당신은 자신이 원하는 방식대로 시간을 보내고 있는가? 원하는 사람과 함께, 원하는 곳에서 살고 있는가? 만족스러운 일을 하면서 만족할만한 보수를 받고 있는가? 당신의 권리를 당당히 주장하고, 당신이 필요한 것을 요구할 수 있는 상황인가? 혹시 '자기 것이 아닌 삶'을 살고 있지는 않은가? 직업, 인간관계, 사는 동네, 사회생활이 만족스럽지 못하다면 자신을 존중하고 인정하기란 쉽지 않다. 또한 자신이 주변 사람들에게 이용당하는 희생양이라 느낀다면 자기 삶을 좋아하기가 힘들다.

자기 존중과 통제감은 닭과 달걀 같은 관계이다. 모름지기 사람은 삶에 대한 결정권을 더 많이 가질수록 스스로를 더 존중하기 마련이다. 스스로를 존중할수록 자신감이 생기고, 이에 따라 자신이 원하는 것, 필요한 것, 충분히 받을만한 것을 실제로 얻게 된다. 물론 삶을 완전히 통제하기란 불가능하다. 세상에 그렇게 완벽한 존재는 없다. 그러나 수천 명과 만나 이야기해본 결과, 삶의 90퍼센트가 불만스럽다 해도 적극적으로 대처한다면, 그리고 의미 있는 목표나 꿈을 단 한 가지라도 추구한다면 자기 존중은 가능하다는 사실을 알 수 있었다.

당신은 의미 있는 활동에 적극적으로 참여하며 이를 통해 다른 불만족스러운 상황을 상쇄하고 있는가? 불만족스러운 상황이 일시적이거나, 혹은 더 큰 목표를 위해 잠시 선택한 것인가? 만약 그렇다면 당신의 자기 존중감은 크게 손상을 입지 않을 것이다.

● 공헌 Contribution

다른 모든 요소를 갖추었다 해도 누군가 혹은 무엇인가에 기여하는 바를 찾을 수 없다면 "이게 정말 다인가?"라는 질문이 나오게 된다. 작가 레오 로스튼 Leo Rosten은 "인생의 목적은 행복해지는 데 있지 않다. 우리 삶이 세상을 조금이라도 바꿔놓는 것이 중요하다"고 하였다. 물론 이 말이 행복의 중요성을 부정하는 것은 아니다. 우리는 모두 행복하고 즐거운 삶을 바라니까. 하지만 그것이 우리가 사는 이유의 전부는 아니다. 다시 말해 우리는 세상을 좀 더 좋은 곳으로 만들기 위해, 우리로 인해 누군가 좀 더 행복해지도록 하기 위해 살아간다.

당신은 그런 변화를 만들고 있는가? 자신이 사회에 공헌하는 존재라고 인정한다면 자존감을 느끼지 않을 수가 없다. 진정으로 자신이 귀중한 사람임을 안다면, 어딜 가든 무엇을 하든 자신감을 잃지 않을 것이다.

● 용기 Courage

코미디언 스티븐 라이트Steven Wright는 "잘 지내세요?"라는 인사를 받으면, "의자에 앉아 뒤로 기대다가 그만 넘어질 뻔하면서 간신히 균형을 잡는 상황 아시오? 난 항상 그런 상황에 있는 느낌이라오"라고 대답했다고 한다.

무언가 새로운 일에 도전할 때, 혹은 어려운 과업을 앞에 두고 있을 때 당신도 그런 느낌을 받는가? 사실은 우리 모두가 그렇다! 아무리 자신감이 차고 넘치는 사람이라 해도 두려움이 없지는 않다. 다만 두려움을 누르고 행동한다는 점이 다를 뿐이다. 시험을 칠 때, 소개받은 이성을 만나러 나갈 때, 승진을 요구할 때, 면접시험을 볼 때 긴장하고 불안한 것은 당연하다. 그렇지 않다면 이상한 것이다. 그러나 그런 불안감에 번번이 항복한다면 결국 뒤로 물러서 도망칠 수밖에 없다. 익숙하고 편안하며 안전한 영역 안에 숨어서, 좀처럼 바깥으로 나가지 않게 되는 것이다.

자신감 있는 사람들은 가만히 앉아 걱정하는 대신 일단 "예스"라고 말한다. 위험을 감수해야 성장할 수 있다는 점을 잘 알기 때문이다.

그래서 윈스턴 처칠Winston Churchill 경도 "용기는 인간의 첫 번째 덕목이다. 용기가 없으면 다른 모든 덕목이 발현되지 못하기 때문이다"라고 했다. 자, 당신은 이제 불안과 두려움을 떨치고 원하는 행동, 필요한 행동을 할 수 있겠는가?

세상의 재난 중 90퍼센트는 자기 능력, 약점, 진정한 가치를 모르는 사람들 때문에 생겨난다. 우리 대부분은 평생 자신을 모르는 채로 살아간다. – 시드니 해리스Sydney J. Harris(작가)

당신 자신이 보기에 당신은 어떤 상태인가? 무엇보다 자신이 스스로에 대해 판단하는 것이 중요하다. 다른 사람들이 하는 말은 신경 쓰지 말자. 공자는 미래를 알려면 과거를 연구해야 하는 법이라고 했다. 이제 지금까지의 삶을 돌이켜보며 다음 여섯 가지 요소를 기준으로 자신을 평가해보자. 아울러 아래 자신감 설문지에 답해보자.

- 자아 개념 자신과 자신이 가진 힘을 긍정적으로 인정하는가?
- 대화 능력 당신이 원하는 무언가를 얻어내는 데 도움이 되게끔 자신을 표현할 능력이 있는가?
- 능력 자신이 충분히 잘한다고 생각하는 활동을 적극적으로 하고 있는가?

- 통제 자신과 자신의 삶에 결정권을 행사한다고 느끼는가?
- 공헌 당신은 세상에 변화를 이끌고 있다고 느끼는가?
- 용기 두려움을 극복하고 위험을 감수할 수 있는가?

자신감 설문지

1. 내게 자신감의 의미는 무엇인가?
2. 내가 아는 사람 중에 자신감 넘치는 이는 누구인가?
2. 그 사람을 자신 있게 만들어주는 것은 무엇인가?
3. 나는 자신감이 있는 사람인가? 그런 이유 혹은 그렇지 않은 이유는 무엇인가?
4. 내게 자신감을 주는 것 혹은 사람은?
5. 나의 자신감을 꺾는 것 혹은 사람은?
6. 내가 가장 자신감을 느낄 때는?
7. 내가 자신감을 잃어버릴 때는?
8. 자신감에 대해 내가 배운 가장 큰 교훈은 무엇인가?
9. 남에게 자신감을 가지라고 말해야 할 때 나는 어떤 조언을 할 수 있을까?

특정 시간, 특정 장소에서, 특정 사건과 함께 모든 것이 시작되었다고 말할만한 그런 지점이 존재할 수 있는가?

— 아가사 크리스티Agatha Christie(작가)

아가사 크리스티의 질문에 대한 나의 대답은 "그렇다"이다. 이 책의 각 장마다 '오늘의 자신감 연습'이 제시될 것이다. 여기에는 각 장의 내용을 실천에 옮기기 위해 다른 사람들이 어떻게 했는지 구체적인 사례가 제시된다. 그 아래 '나 스스로 만든 오늘의 과제'는 여러분의 행동을 실제로 이끌어내기 위한 공간이다. 개인적으로 좀 더 의미있는 과제를 생각해볼 수도 있다.

새로운 정보를 받아들일 때 더 많은 감각을 사용할수록 기억하고 활용할 가능성도 커진다고 한다. 그러니 자신의 과제를 손으로 쓰고 눈으로 읽고, 또 큰 소리로 말해보자. "말로 한 약속은 글로 쓴 것에 미치지 못한다"는 영화 제작자 새뮤얼 골드윈Samuel Goldwyn의 조언에 따라, '나 스스로 만든 오늘의 과제'를 기록하고 서명해 보관하는 것도 좋다. 그리하여 몇 주, 몇 달, 몇 년 뒤 다시 그 자료를 살펴보면서 당신은 "자신감 넘치는 내 새로운 삶은 바로 이날 시작되었어"라고 중얼거리게 될지도 모른다.

자신감의 6C를 실천하려면 어떻게 할까?

팸은 수줍음이 많았고 늘 그걸 극복하고 싶었다. 하지만 어른이 되어도 수줍음이 사라지지는 않았다. 팸의 첫 번째 과제는 과연 무엇이 자신감을 북돋아주고 손상시키는지를 파악하는 것이다. 다음 단계로는 자신감을 북돋는 행동과 태도를 받아들여야 한다.

방해가 되는 말과 행동	도움이 되는 말과 행동
부정적으로 대화를 포기한다. '난 수줍음이 많아. 이 사람들에게 뭐라고 말해야 할지 모르겠어.'	긍정적으로 대화를 시도한다. '용감하게 다가가 나를 소개해야지.'
비판적 자아 개념을 갖는다. '난 뭐든 제대로 하는 게 없어.'	건강한 자아 개념을 갖는다. '난 최선을 다하고 있어.'
무능력하다는 느낌을 갖는다. '난 그 어떤 능력도 타고나지 못했어.'	능력을 인정한다. '난 훌륭한 음악가야.'
삶에 대한 통제력을 잃는다. '난 내 인생이 싫어. 영혼이 빠져나가 버린 것 같아.'	삶에 대한 통제력을 유지한다. '내 가족과 나 자신을 위해 저녁 시간을 쓰기 시작한 게 기뻐.'
자기 삶에 공헌하지 않는다. '내가 하는 일은 다 쓰레기야. 내가 죽든 말든 아무도 상관 안 해.'	자기 삶에 공헌한다. '매일같이 난 누군가를 변화시키는 일을 하고 있어.'
용기 없이 회피한다. '혼자서 돌아다니는 건 왠지 불편해서 싫어.'	용감하게 도전한다. '불안감을 떨치고 밖으로 나가야지.'

나 스스로 만든 '오늘의 과제'

오늘부터 나는 _____ 할 것이다.

날짜_____ 서명_____

What's Holding You Back?

2부

나는 내가 **마음**에 든다

자아 개념Concept, 나는 내가 만든다

자신의 가치는 스스로 매기는 것이다. 위대한 사람인지,
형편없는 사람인지는 자신이 결정한다.
— 쉴러J. C. F. Von Schilter(시인)

과거는 과거로 놓아두라

:: **오늘을 위한 한마디**

조상을 탓하는 이유는, 그렇지 않으면 자신을 탓할 수밖에 없기 때문이다. — 덕 라슨Doug Larsen(칼럼니스트)

당신이 여전히 벗어나지 못하고 있는 과거 일을 떠올려보라. 누구를, 무엇을 탓하고 있는가? 과거의 아픔은 과거로 넘겨버려라. 작가 시드니 해리스는 "수동적인 목소리에서 능동적인 목소리로 넘어가는 것은 어린 시절을 벗어나 어른이 되는 과정의 핵심이다. 어떻게 되어버렸다고 하지 말고 어떻게 했다고 말하라"고 했다. 이제 "그 일은 과거였고 지금은 현재야", 혹은 "전에는 내가 이러했지만 이제는 이러할 거야"라고 말해보자. 당신의 행동에 책임을 지는 것이다.

과거에서 벗어나는 가장 좋은 방법은 과거에서 미래를 이끌어내는 것이다. — 필립 브룩스Phillip Brooks(목사)

어린 시절을 떠올려보자. 당신은 어떻게 자랐나? 부모님은 충분한 사랑을 주었나? 혹은 모든 것이 부족한 상황이었나? 형제자매와 늘 경쟁하고 서로 미워했는가? 학교에서 선생님이나 친구들은 당신을 배려해주었나, 아니면 따돌리고 오해했는가?

어린아이들은 자기 삶에서 중요한 사람이 해주는 말을 그대로 믿는다. 스스로 자기 이미지를 구축할 만큼 감정적으로 성숙하지 못했기 때문에, 옳든 그르든 남이 붙여놓은 꼬리표를 그저 수용하는 것이다. 부모나 선생님이 자신의 가치와 능력을 인정해주면 그렇게 믿는다. 마찬가지로 부정적인 평가 역시 그대로 믿어버리고 만다. 하지만 과거가 어떠했든 그것이 현재의 우리를 결정하지는 않는다. 우리는 선택할 수 있다. 어린 시절을 핑계거리로 삼을 수도 있고, 자극제로 활용할 수도 있다. 작가 조지 엘리엇George Eliot 또한 "원하는 모습이 되기에 너무 늦은 때는 없다"고 하지 않았는가.

성공한 사람들은 "넌 뭐든지 할 수 있어"라는 말을 들으며 화목한 가정에서 자라난 경우가 많다. 가난과 학대 속에서 자라나 성공한 경우도 결코 적지 않다. 이들은 괴로운 과거 경험으로 실패를 정당화하기보다 오히려 스스로를 자극하고 격려한다. 가령 "돈이 없어 고등학교도 졸업하지 못했는데 내가 무슨 일을 할 수 있겠어"라고 말하는 대신 "사람들의 판단이 틀렸다는 걸 보여주겠어. 나 혼자서 멋지게 해낼 거야"라고 다짐하는 것이다.

부모를 비난하는 것은 아직도 부모에게 매달려있다는 의미이다.

– 낸시 프라이데이Nancy Friday(작가)

한 워크숍 참석자는 알코올 중독으로 자신을 학대했던 부모 때문에 힘들었던 경험담을 털어놓았다.

"부모님은 돌아가셨지만 제 머릿속에는 여전히 살아계신 셈이었지요. '널 낳지 말았어야 했는데'라든지 '너만 없었다면 얼마나 좋았을까' 같은 말들이 어른이 된 후에도 늘 머릿속을 맴돌았어요. 어느 날 어떤 사람에게 술집에서 울면서 그 이야기를 했더니 상대는 제게 몇 살이냐고 묻더군요. 마흔다섯이라고 대답했지요. 그랬더니 고개를 흔들면서 '35년 전 부모와 겪었던 일에서 아직까지도 헤어나지 못하는군요?'라고 말하고는 일어나 가버렸어요. 전 충격을 받았습니다. 곰곰이 생각해보니 그 말이 옳았어요. 수십 년 전 일에 계속 매달려 제 삶을 망가뜨리고 있다니 얼마나 한심한 일입니까?"

당신은 어떤 과거에 매달려있는가? 혹시 부당하거나 불행했던 어떤 사건이 오늘날 당신이 원하는 모습으로 살아가지 못하도록 가로막고 있는가? 어린 시절의 부정적인 낙인에서 벗어나지 못한 채 지금껏 살아온 것은 아닌가?

과녁을 맞히지 못하는 것은 과녁의 잘못이 아니다. 냉정하게 들릴지 모르지만 사실이 그렇다. 남을 탓하는 것은 결국 그건 내 잘못이 아니며, 내가 재능이나 의지가 박약해서가 아니라고 변명을 늘어놓는 셈이다. 지금 내 상황은 오로지 주변 사람들이나 예전 상황 때문이라는 주장이나 다름없다.

원망은 우리 능력을 좀먹고 의존적으로 만든다. 자신감 있는 사람은 현재 자신이 처한 상황을 남의 탓으로만 보지 않는다. 모름지기 한 손가락으로 남을 가리키면 다른 세 손가락은 나 자신을 향하게 되는 법이다. 아직도 핑계거리를 찾는 습관이 당신에게 남아있다면 스스로에게 다짐해보자. "그건 벌써 오래전 일이야. 지금 내게 일어나는 일은 다 내 책임이야."

자기 연민은 마약과도 같다. 순간적인 위로를 줄지 모르나 중독성이 강해 결국 현실에서 괴리되고 만다. – 존 가드너John Gardner(작가)

"모든 사람이 스스로 자기 삶을 만들어가지는 않는다"라고 작가 앨리스 워커Alice Walker는 말했다. 그렇다. 세상에는 남이 만들어준 대로 인생을 살아가는 사람도 적지 않다. 부모에게 버림받고 힘든 어린 시절을 보낸 한 여성은 이런 이야기를 들려주었다.

"다섯 살 때 어머니가 절 버렸어요. 할머니 집 앞에 절 내려놓고 떠나버렸죠. 몇 주 동안 저는 대문 밖에 앉아 어머니를 기다렸지만 소용없었어요. 할머니는 나이가 너무 많아 아이를 키우기 어려웠고, 하는 수 없이 제가 한 번도 만난 적 없는 이모에게 저를 맡겼지요. 아이가 셋이나 있었던 이모는 저를 무척 부담스러워했어요. 열 살이 되자 결국 전 다른 이모 집으로 가야 했죠. 그렇게 몇 년 동안 마치 낡은 가구처럼 이집 저집을 떠돌았어요. 아무도 저를 원하지 않는다는 생각이 들었지요."

오랫동안 상처는 아물지 않았다. 들어주는 사람만 있으면 그녀는 과거사를 털어놓았다. 동정을 받고 싶었는지도 모른다. 그러던 중 지금의 남자친구를 만났다. 그는 어제 일은 강에 던져버려야 한다고, 그렇지 않으면 아무것도 새로 시작할 수 없다고 그녀를 설득했다.

"남자친구 덕분에 저는 다시 학교에 들어갔어요. 대학생이 된 후에는 더 이상 뒤돌아보며 살지 않았지요. 지금은 대학원에 다니고 있어요. 상담 치료사가 되어 저처럼 고통받았던 사람들을 돕고 싶어요. 과거가 어떠했든 현재를 만족스럽게 살 수 있다는 걸 보여주고 싶거든요."

이 여성은 다행히도 늪에서 빠져나올 수 있었다. 하지만 구세주를 기다리면서 시간을 낭비할 여유는 없다. 원한은 뜨거운 석탄과 같아서 상대에게 고통을 주기에 앞서 스스로 다치게 만든다는 부처의 말씀을 기억하라. 자신감 있는 사람들은 결코 원망으로 시간을 보내지 않는다.

그럼에도 "내 부모가 얼마나 잔인한 짓을 했는지, 제가 얼마나 힘들었는지 모르고 하는 말씀이에요"라고 말하고 싶은가? 그렇다. 다른 사람은 그 고통을 속속들이 알지 못한다. 하지만 분노를 간직하는 한 앞으로 나아가기 어렵다는 것은 안다. 당신의 과거가 얼마나 힘들었는지는 중요하지 않다. 그보다는 그 경험이 당신의 현재에 어떻게 작용하고 있는가가 중요할 뿐이다.

용서는 분노와 미움이라는 비용을 줄여준다. — 하나 모어 Hannah More(작가)

과거는 과거로 놓아두자는 이야기가 한창 이어질 때 한 참석자가 손을 들었다. "남들이 내게 저지른 일에 대해서만 말씀을 하셨는데요. 저는 과거에 저 자신이 남에게 저지른 일 때문에 후회가 많습니다. 막 결혼을 했을 무렵 저는 정말 망나니였거든요. 철이 없었고 하고 싶은 대로 행동했지요. 아내는 참고 참다가 6년 만에 이혼을 요구했습니다. 저는 뒤늦게 빌고 후회했지만 절 믿어주지 않았어요. 당연한 일이지요. 이혼 후 아직까지도 용서를 구하고 있지만 아내는 절 상대하려 들지 않는군요."

그렇다. 때로는 이처럼 우리 자신이 저지른 잘못 때문에 과거사에 묶여버리는 경우도 생긴다. 이런 때에는 자기 행동을 공정하게 평가

하고 두 번 다시 잘못을 되풀이하지 않도록 그로부터 교훈을 얻어야
한다. 가능하다면 피해를 입힌 상대에게 용서를 구하고 우리 자신을
용서한 후, 다음 인생길을 걸어야 한다.

"그런 짓을 저지른 절 어떻게 용서할 수 있지요? 정말 어리석은 짓
을 했는데요"라고 그 참석자는 반문했다. 우리는 모두 완벽하지 못한
존재이다. 그래서 바보 같은 잘못을 저지르고 만다. 이미 일어난 일을
되돌릴 수는 없지만 상처받은 상대에게 진심 어린 사과를 할 수는 있
다. 상대가 사과를 받아주지 않는다면 그저 진심으로 용서를 구하고
싶다는 내 마음만이라도 전달하라. 얼마나 후회하고 있는지 마음을
다해 알리고 미래를 향해 걸음을 내딛는 것이다.

"잘못을 곱씹으며 흙탕물에서 구른다고 해서 깨끗해질 수는 없다"
는 작가 올더스 헉슬리Aldous Huxley의 말을 기억할 필요가 있다.

과거를 과거로 놓아두고 싶다면?

롭은 친구가 시작한 무역업에 모은 돈을 몽땅 투자했다. 하지만 친구의 회사는 망하고 말았다. 롭은 쉰 살이라는 적지 않은 나이에 모든 것을 다시 시작해야 하는 입장이 되었다.

방해가 되는 말과 행동	도움이 되는 말과 행동
과거를 핑계로 삼는다. '두 번 다시 그 친구를 만나고 싶지 않아. 날 이렇게 망쳐놓았잖아.'	과거를 동기로 삼는다. '값비싼 교훈을 얻었어.'
후회한다. '어쩌다 그 친구 말에 넘어갔을까. 정말 바보 같았어.'	책임진다. '이제부터는 돈을 투자할 때 조심해야겠어.'
과거 일을 계속해서 곱씹는다. '어째서 좀 더 철저히 조사를 하지 않았을까? 처음부터 불안하다는 걸 알았어야 했는데.'	과거로부터 단절된다. '이제 그 일은 잊어버리자. 다음에는 같은 실수를 안 할 테니까.'
분노한다. '고소하겠어. 날 빈털터리로 만들다니 친구도 아니야.'	반성한다. '너무 좋은 얘기뿐이었어. 내가 다시 확인했어야 했어.'
잊지 못한다. '도저히 극복할 수 없을 거야. 난 완전히 망가졌어.'	용서한다. '그런 일이 없다면 좋았겠지만 이제 어쩔 수 없어. 나는 다시 삶을 꾸려나가야 해.'

나 스스로 만든 '오늘의 과제'

오늘부터 나는 _____ 할 것이다.

날짜_____   서명_____

Day
03

남의 재능과 성공을 '편안하게' 칭찬하려면

우리는 시기심과 맞서 싸워야 한다. 시기심은 지옥의 맛을 보여준다. – 리처드 버튼 경Sir Richard Burton(탐험가)

나는 자신을 누구와 비교하고 있는가? 비교하는 행동에서 무엇을 얻었는가? 내가 질투하고 경쟁하는 사람은 누구인가? 시기하는 대신 감탄하거나 발전의 계기로 삼을 수 있는가? 시기심을 건설적인 행동으로 전환할 수 있는 방법은 무엇일까? 남들의 성취를 바라보며 기죽는 대신 내가 성취한 것을 공정하게 바라볼 수 있을까? 우리가 살아가는 목적은 단지 남보다 나아지는 데 있지 않다. 자신이 할 수 있는 한 가장 좋은 사람이 되는 것, 그것이 목표가 되어야 한다.

나쁜 사람들은 모두 열등감에 시달린다. - 무명 씨

자신을 잘나가는 남과 비교하며 괴로워한 적이 있는가? 나보다 더 똑똑하고 돈도 많고 잘생긴 누군가를 시기해본 적은? 누구나 한 번쯤은 이런 경험이 있을 것이다. 그러나 비교는 모든 불행의 씨앗이며, 자아 존중감의 파괴자이다. 나를 남과 비교하면 우월감이나 열등감이 생겨나는데, 둘 다 부정적인 감정이다. 우월감은 쓸데없는 자만심을 낳고, 열등감은 스스로 무가치하다고 느끼게 만든다.

우리는 어디서 누구와 함께 있든 자신의 가치를 확신할 수 있어야 한다. 어떻게 이 목표를 달성할 수 있을까? 사심 없이 칭찬하든지, 아니면 적극적으로 자기 발전의 계기로 삼는 것이다.

우리는 편안하게 칭찬하고 감탄하는 법을 배울 필요가 있다.

- 윌리엄 헤일 화이트William Hale White(작가)

작가 화이트의 말에 나는 정말로 공감한다. 우리는 남이 가진 것에 곧잘 시기심을 느끼곤 한다. 하지만 언제까지? 이제는 시기하는 대신 편안하게 칭찬하고 감탄하는 법을 배워야 할 때다. 지금부터는 "정말 똑똑하군. 저 사람 옆에만 가면 바보가 된 기분이야"라든지 "엄청난 연봉을 받잖아. 내 두 배는 되겠네"라고 말하는 대신, "정말 대단해"라고 편하게 칭찬하든지 "나는 어떻게 해야 저렇게 될까?"라고 말하는 것이다.

잘 생각해보라. 대체로 다른 사람의 강점이 내 가치를 떨어뜨리지는 않는다. 누군가 매력적이라고 해서 내가 매력적이지 않은 것은 아니다. 누군가 돈을 많이 번다고 해서 내가 너무 형편없는 보수를 받는 것도 아니다. 핵심은 더 이상 나를 비교 잣대로 두지 말고 그들의 장점과 성과를 공정하게 인정하는 것이다. 우리 워크숍에 참석했던 한 여성의 경험담을 들어보자.

"워크숍에 참석한 후 저는 헬스클럽에 다시 다니겠다고 결심했어요. 전에는 일주일에 세 번씩 가서 운동을 했는데, 얼마 전부터 흐지부지되어버렸거든요. 그동안 체중이 늘어서 안 되겠다 싶었고요. 그런데 헬스클럽에 들어서는 순간 기가 팍 죽었어요. 다들 미끈한 몸매로 운동에 열중하고 있지 않겠어요? 그에 비하면 엉망진창인 제 몸이 너무나 부끄러웠지만 그 순간 워크숍에서 들은 얘기가 기억났어요. 비교하지 않으면 포기하지도 않는다는 말이요. 그래서 마음을 돌려 우선 감탄을 했어요. '대단하네. 정말 몸매가 좋아.' 그리고 자극을 받기로 했지요. '어떻게 하면 나도 몸매를 잘 관리할 수 있을까?' 도망치듯 집으로 돌아가는 것은 좋은 답이 아니었어요. 저는 다시 운동을 시작했답니다."

역시 워크숍에 참석했던 다른 남성의 이야기도 마찬가지다. "비교에 대한 이야기가 제게 얼마나 큰 도움이 되었는지 모릅니다. 제 옆집 사람은 은퇴한 이후부터 매일 몇 시간씩 정원을 가꾼답니다. 정말이지 그림같이 아름다운 정원을 만들어놓았지요. 그 때문에 전 주말에 쉴 때도 마음이 편치 않았습니다. 어서 마당으로 나가 잡초를 뽑고 도랑을 청소해야 한다는 압박감에 시달렸거든요. 하지만 워크숍 덕분에 저는 이웃집 정원을 맘 편히 칭찬할 수 있게 되었습니다. 오가다 옆집 사람과 만나면 '정원이 정말 예술이군요'라고 말해줍니다. 나 스스로에 대한 압박감도 사라졌지요. 전 그렇게나 많은 시간과 노력을 들이면서까지 정원을 꾸미고 싶지 않거든요. 이제는 스스로를 비난하지 않은 채 옆집 정원을 즐길 수 있어 좋습니다."

감탄하고 칭찬하면서 꼭 그것을 내 변화의 계기로 삼을 필요는 없다. 남이 이룬 성취는 칭찬할 수 있지만, 나는 그 성취를 원치 않는 경우도 얼마든지 있을 수 있으니까.

남에 대한 우월감에는 고결함이 없다. 진정한 고결함이란 과거의 자신보다 우월해지는 데 있다. – 힌두 속담

내가 이루고 싶은 것이 아니라 남이 이미 이뤄놓은 것 때문에 좌절한 경험이 있는가? 시작도 하기 전에 나는 아무래도 남이 도달한 수준에 미치지 못할 것이라고 지레짐작하고 포기해버린 적은 없는가?

유명한 전문 강연자로 활동하는 친구가 있다. 그는 서점에 갈 때마다 좌절했다고 한다. 자기계발 분야의 책을 꼭 한 권 쓰고 싶은데, 서점에

는 이미 그런 책이 너무도 많았기 때문이다. 자신이 사람들이 앞서 수없이 했던 말 이상의 무언가를 쓸 수 있을 것 같지 않았다.

그러다가 문득 노래를 듣던 중 이런 생각이 들었다. '사랑에 대한 노래는 계속 나오지 않는가? 작곡가들은 이미 무수히 존재하는 사랑 노래를 새로 만들고 있군.' 그리고 자신이 베스트셀러 작가들에게 압도되어 스스로 손발을 묶고 시작조차 못하고 있음을 깨달았다. 그는 '내 책에 무언가 가치 있는 내용이 들어갈 수 있을까? 사람들은 내 이야기를 들으면서 도움을 받을까?'라고 자문했다. 그 결과 그렇다는 답이 나왔고, 곧 집필 작업에 돌입했다.

진정한 비교 대상은 누가 되어야 할까? 언니와 늘 비교당하면서 자랐다는 여성이 있었다. "언니는 저보다 더 예쁘고 똑똑하고 인기가 많았어요. 저는 늘 누구의 동생으로 불릴 뿐이었지요. 고등학교를 졸업한 후에는 일부러 멀리 떨어진 대학으로 갔어요. 언니와 편안한 사이가 되기까지 오랜 세월이 걸렸답니다. 이제 언니는 언니의 인생을 살고, 전 제 인생을 살고 있어요. 더 이상 언니에게 절 비쳐 볼 필요는 없어졌지요."

흔히 볼 수 있는 또 다른 사례도 있다. "저희 네 자매는 멀리 떨어져 살기 때문에 자주 전화 통화를 합니다. 그런데 이야기를 나눌 때마다 서로 자식 자랑만 늘어놓았어요. 누구는 공부를 잘하고, 누구는 무슨 상을 탔고……. 평범한 우리 아이들과는 전혀 다른 모습이었어요. 그런 얘기를 듣고 나면 전 우리 가족이 완전 실패작처럼 느껴졌답니다. 20분 전까지만 해도 대견하던 아이들이 갑자기 덜 떨어지고 부족한 존재로 보이는 거지요. 하지만 이제는 아니에요. 저는 조카들이 그렇게 착하고 똑똑하다는 것이 자랑스럽습니다. 또 제게 건강하고 활동적인 아이들이 있다는 것도 행복하고요."

가족 안에서의 비교는 특히 해롭다. 유명 인사의 자녀들은 성장하면서 어려움을 겪는 경우가 많다. 뛰어난 형제자매의 그늘에 가려 자라는 경우도 마찬가지이다. 여기서 벗어나는 유일한 방법은 성공한 부모나 형제자매를 자기 가치의 잣대로 삼지 않는 것이다. 그 잣대 없이도 충분히 자신을 존중하며 살 수 있다. 이것이 어렵다면 위 사례 속 여성처럼 홀로 뿌리박기를 시도하는 것도 좋다.

어떤 이는 내게 물었다. "모든 경쟁이 나쁘다는 건가요?" 물론 좋은 경쟁도 있다. 상대를 무너뜨릴 생각 없이 스스로 더 발전하려는 경쟁은 건설적이다. 하지만 슬프게도 그보다는 남을 누르고 넘어서면서 자신의 가치를 확인하려는 경쟁이 훨씬 더 많다. 조지 패튼 장군은 "이겨서 얻을 것이 없는 전투는 하지 말라"고 했다. 다른 사람을 짓밟아 얻을 수 있는 것은 아무것도 없다.

당신은 남들의 성공을 진심으로 축하할 수 있는가? 진정한 자신감은 우월감 없이도 자신을 존중하는 데 있다. 진정한 자신감은 자만심도 열등감도 아니라는 점을 기억하자. 주변 사람들을 경쟁자가 아닌 동반자로 여기고, 경쟁심 대신 공감을 느낄 줄 아는 것이야말로 진짜 자신감이다.

비교의 덫에서 벗어나고 싶다면?

존은 골프를 시작했다. 고객을 만날 수 있는 좋은 기회라고 들었기 때문이다. 하지만 실력이 나아지지 않는 탓에 골프를 하러 갈 때마다 주눅이 드는 상황이다. 어떻게 하면 좋을까?

방해가 되는 말과 행동	도움이 되는 말과 행동
비교한다. '저 친구의 드라이브 샷은 굉장하군. 난 도저히 저렇게 하지 못할 거야.'	칭찬한다. "정말 굉장한 드라이브 샷이야. 길게 쭉쭉 뻗어가는군."
자만한다. '그래도 지난 홀에서는 내가 이겼잖아.'	인정한다. '오랫동안 연습한 결과로 저렇게 된 거야. 대단해.'
열등감에 시달린다. '다들 나보다 훨씬 잘해. 정말 창피해.'	행동을 시작한다. '강사에게 레슨 받을 때 퍼팅을 좀 고쳐달라고 부탁해야겠어.'
자기 비난에 빠진다. '이런 실수를 하다니. 난 정말 형편없어.'	변화의 계기로 삼는다. '골프 비디오를 사 가지고 가서 주말에 보면서 공부해야겠다.'
경쟁한다. '앤디라면 내가 이길 수 있을 거야. 나 다음으로 못 치는 편이니까.'	공헌하고 공감한다. '그래도 난 내 실력을 웃고 넘길 수 있어. 다 함께 즐기는 것도 중요해.'

나 스스로 만든 '오늘의 과제'

오늘부터 나는 _____ 할 것이다.

날짜_____   서명_____

언제든 다시 시작할 수 있는 용기

자신을 인정해주는 것이 시작이다

∷ 오늘을 위한 한마디

모든 것을 인내해야 하지만 특히 자신을 인내하도록 하라. 자신의 불완전함을 인정하면서도 용기를 잃지 않고 극복할 줄 알아야 한다. 매일 새롭게 도전하라. – 성 프랜시스 드 살레Saint Francis de Sales

오늘의 과제는 자신감 계좌에 최소 50개를 입금하는 것이다. 그래 봐야 한 시간에 서너 개 꼴이다. 무언가를 솜씨 좋게, 사려 깊게 해냈을 때 말없이 자기 등을 두드려주자. 하루의 목표를 세울 때 혹여 너무 부담스럽지는 않은지 확인하자. 완벽히 해내지 못했다 해도 슬퍼하기보다 노력했다는 사실을 칭찬해야 한다.

세상을 바꾸는 가장 강력한 방법은 인생에 대해, 사람에 대해 보다 긍정적으로 생각하고 행동하는 것이다.

– 삭티 거웨인Shakti Gawain(자기계발 전문가)

당신은 자신에게 어떤 말을 하는가? 혹시 매 순간 스스로를 비웃고 방해하지는 않는가?

방송인 오프라 윈프리Ophra Winfrey는 "세상의 모든 문제는 결국 자기를 미워하는 데서 시작된다"고 하였다. 미움의 힘은 너무나 강력하다. 그런데도 세상에는 자신을 미워하는 사람이 너무도 많다. 이제 스스로를 비난하기보다는 기운을 북돋아주는 말을 해줄 때다. 내면의 언어 폭력을 멈추고 스스로에 대해 긍정적인 믿음을 가져보자.

당신의 자신감 계좌를 한번 살펴보라. 현재 좋은 모습은 축소하고 부족한 모습은 과장하고 있지 않은가. 그렇다면 좀 더 호의적인 계좌를 만들 필요가 있다. 우리가 스스로에게 한마디 할 때마다 자신감 계좌의 잔고는 늘거나 줄어든다. 비판적이고 회의적인 한마디는 계좌 잔고를 줄이고 격려나 칭찬은 잔고를 늘린다. 은행 잔고가 그렇듯 자신감 계좌도 균형을 맞춰주어야 한다.

그런데 문제는 생각보다 많은 사람들이 잔고를 늘리기보다 줄이는 행동만 계속한다는 것이다. 잘한 일보다 못한 일에 초점을 맞추게 되면 자아 개념은 파산 상태에 빠지고 만다. 매일매일 새로이 다짐하며 스스로를 칭찬해보라. 그리하여 하루가 다르게 자신감 계좌의 잔고를

늘리는 것이 목표이다. 자기 눈으로 볼 때 믿을만하고 칭찬할만해야
나 자신에게 가치를 부여할 수 있지 않겠는가.

성장과 변화를 이끌어내는 데 복잡한 기술은 필요 없다. 마음만 바꾸면 된다. – 존 웰우드John Welwood(심리치료사)

　자신감을 주제로 세 차례에 걸친 워크숍을 진행하면서 나는 첫 주
과제로 스스로에게 몇 번이나 부정적인 말을 하는지 세어보라고 했
다. 아침에 눈을 뜨면서부터 잠자리에 들 때까지 마음속으로, 혹은 입
밖에 내어 스스로에게 하는 부정적인 말을 모두 기록하는 것이다. 가
능하다면 그런 말을 하는 횟수를 세어보라고도 했다. 결과는 충격적
이었다. 가장 적은 경우가 23회, 가장 많은 경우는 무려 344회였다.
　한 중년 부인의 경험을 들어보자. "시작한 지 한 시간도 채 안되서
깜짝 놀라지 않을 수 없었어요. 제가 속으로 파괴적인 대화를 그렇게
나 많이 하는지 정말 몰랐거든요. 아침 7시 30분에 잠에서 깨자마자
전 늘 이렇게 늦잠을 잔다고 스스로를 비난했어요. 아이들에게 빨리
학교 갈 준비를 하라고 미친 듯이 소리를 지른 다음에는 또 못된 엄마
노릇을 했다고 중얼거렸지요. 출근 전에 제 모습을 거울에 비쳐볼 때
는 '이거 웬 늙은 돼지일까'라고 생각했답니다."
　두 번째 주의 과제는 자신에게 몇 번이나 긍정적인 말을 해주는지

세어보는 것이었다. 결과가 어땠을 것 같은가? 부정적인 말에 비하면 터무니없을 정도로 적었다. 하루 종일 기껏해야 서너 번에 불과했던 것이다.

틀린 점을 고쳐주는 것도 좋지만 격려해주는 것이 더욱 유익하다.

– 괴테(작가)

우리는 왜 이토록 스스로에게 엄격할까? 이유는 여러 가지이다. 완벽주의 때문일 수도 있고, 비판적인 부모로부터 물려받은 성향 때문일 수도 있다. 우리 대부분이 '정상적인 상태'를 당연히 여기기 때문이기도 하다. 늘 정시에 출근하던 사람이 단 하루, 그것도 5분 지각했다는 이유로 비난을 받는 일이 비일비재하지 않는가? 자녀의 성적표에 수, 우, 미가 다 있다 해도 우리는 유독 '미'에만 주목하곤 한다. 인간의 본성에는 평균보다 예외에 주목하는 면이 있는 것일까?

어릴 때부터 자기 성취를 자랑하지 말라고 배운 것도 문제이다. 그 엄격한 가르침 때문에 남 앞에서 자랑하지 않는 것은 물론, 우리 자신도 그것을 좀처럼 인정하지 않게 되었다. 그러다 보니 결과적으로 자신의 장점이나 성취를 아예 못 본다. 오히려 자기에게는 단점과 문제만 넘쳐난다고 생각한다.

더 늦기 전에 이 파괴적인 성향을 되돌려야 한다. 방송인 잭 파Jack

Paar는 자기 인생을 돌아보면서 "인생이라는 긴 장애물 경주에서 가장 큰 장애물은 나 자신이었다"고 말했다. 당신 역시 당신 인생의 장애물이 되고 있지는 않은가? 그렇다면 제자리를 찾아야 할 때다.

오늘부터는 매일같이 내가 잘하는 것을 찾아보자. 제대로 해낸 일을 마음껏 기념하고 축하하자. 아주 사소한 일부터 시작하면 된다. '브라보! 많은 차들 사이를 뚫고 고속도로에 아주 매끄럽게 진입했네', '오늘은 자명종을 던져버리지 않고 곧바로 일어났어. 대단해.'

물론 남들 앞에서 이러한 나의 사소한 성취까지 자랑할 필요는 없다. 이상한 사람으로 보일 필요는 없으니까. 혼자 자신을 칭찬하고 등을 두드려주는 것으로 충분하다. 그러다 보면 자신감 계좌의 잔고가 차곡차곡 쌓이는 게 보일 것이다.

난 늘 다른 모습이 되고 싶었다. 하지만 구체적으로 어떻게 달라지고 싶은지는 결정하지 못했다. – 릴리 톰린Lily Tomlin(배우)

이때 한 워크숍 참석자가 질문을 던졌다. "그렇게 사소한 칭찬만 하다 보면 큰 목표를 세울 수 없지 않나요? 우리 아버지는 늘 높은 곳을 바라봐야 한다고 가르치셨어요."

그러나 '별을 겨냥하라. 그래야 달이라도 딸 수 있다'라는 접근법은 위험하다는 것이 내 생각이다. 큰 목표가 최선을 다하도록 동기를 부여하기도 하지만, 몇 번 시도하다가 아예 좌절하고 포기해버리게 할 수도 있기 때문이다. 작가 그레이엄 그린Graham Greene도 "불가능한 목표는 결국 자포자기를 낳는다"고 했다.

실패할 수밖에 없는 상황에 자신을 방치하지 말고 손을 뻗어 닿을 수 있는 것보다 조금 더 떨어진 지점에 구체적으로 목표를 설정하면 어떤가. 목표를 달성하기 위해 뭔가를 시도할 때에는 두 가지 길이 있다. 한 번 실패했다고 곧바로 절망에 빠지는 길과 조금 더 나아진 점에 주목하고 계속해서 칭찬하는 길이다. 이제 털끝만큼이라도 발전이 있다면 자기 등을 토닥여주는 것이 어떨까.

자신을 인정하려면 무엇을 어떻게 해야 하나?

메리는 자신을 칭찬하는 법이 없다. 어렸을 때부터 아주 잘해야만 칭찬받는 것이라 배웠던 탓이다. 그녀는 빵을 구울 때 충분히 부풀지 않으면 쓰레기통에 처넣고 만다. 단어 하나도 틀리지 않으려 하기 때문에 이메일을 쓰려면 몇 시간이 걸린다. 게다가 늘 자기가 하는 일은 실패하고 말 것이라고 중얼거리곤 한다.

방해가 되는 말과 행동	도움이 되는 말과 행동
파괴적인 혼잣말을 한다. '이 쿠키 좀 봐. 너무 구웠잖아. 이런 건 식탁에 올릴 수 없어.'	건설적인 혼잣말을 한다. '처음 구운 쿠키치고는 굉장해! 다음부터 오븐에서 좀 더 빨리 꺼내야지.'
비난한다. '어째서 난 무슨 일이든 망쳐버리는 거지?'	잘한 부분을 칭찬한다. '학부모 모임을 위해 쿠키를 준비하다니 얼마나 훌륭해!'
비웃는다. '옆집 에스더처럼 훌륭한 요리사는 절대 못 될 거야.'	인정한다. '어쨌든 난 늘 새로운 요리법을 시도하기는 해.'
실수를 슬퍼한다. '어째서 좀 더 빨리 오븐 속을 들여다보지 않은 걸까?'	노력과 진보를 기뻐한다. '열심히 노력하긴 했어. 그냥 가게에서 사갈 수도 있었는데 말이야.'
불가능한 목표를 세운다. '이제부터는 1분마다 오븐을 들여다보며 상태를 확인해야지.'	실현 가능한 목표를 세운다. '다음에는 타이머를 5분 빨리 울리게 맞추고 상황을 확인해야겠다.'

나 스스로 만든 '오늘의 과제'

오늘부터 나는 _____ 할 것이다.

날짜_____ 서명_____

성공의 나선을 만들어라

우리 마음의 힘은 우리가 하는 가장 나약한 생각, 딱 그만큼이다.
– 무명 씨

오늘의 과제는 성공의 나선을 만드는 것이다. 원하는 대로 일이 풀리지 않았을 때 기다렸다는 듯이 화내거나 절망하지 말라. 그보다 다음번에는 어떻게 잘할 것인지에 대해 생각하라. 실수를 교훈으로 바꾸어야 한다. 실패를 실패로 보지 말고 성공이 다음으로 미뤄진 것이라 생각하는 것이다. 그러다 보면 당신 마음의 힘을 발견할 계기를 찾을 수 있다.

"난 세 번 실패했어"라고 말하는 것과 "난 실패자야"라고 말하는 것 사이의 엄청난 차이를 생각하십시오.

— 하야카와 S. I. Hayakawa(전 미국 상원의원)

무언가 일이 잘못되었을 때 당신은 어떻게 하는가? 상황을 탓하는가, 사람을 탓하는가? 자신에게 혹은 남에게 화를 내지는 않는가? 화를 내는 것은 자연스러운 반응이기도 하지만, 결국 파괴적인 결과를 가져올 뿐이다. 이제부터는 한 발짝 떨어진 입장에서 그 일이 또다시 반복되지 않도록 계획을 짜보면 어떨까. 자기계발 전문가인 켄 키스 Ken Keyes Jr.는 "과거 일을 아무리 혹독하게 비난한다 해도 내일은 새로 시작된다"고 하였다.

그러나 이 말은 우리가 실패에서 교훈을 얻고 넘어갔을 때에만 유효하다. 다시 말해 실수를 저질렀다 해도 거기 들어간 노력을 일단 칭찬하는 것이다. 다음으로는 현재 상황을 어떻게 효과적으로 처리해 더 나은 미래를 맞이할지 궁리한다. 문제뿐만 아니라 해결책까지 함께 찾아보아야 한다.

최근 오찬 모임에 참석했던 친구의 경험담이다. 친구는 잘 알고 지내던 두 사람을 발견하고 옆으로 다가갔다. 하지만 두 사람은 친구 쪽을 돌아보지도 않고 심각하게 자기들만의 대화를 계속했다. 몇 분 뒤 친구는 얼굴을 붉힌 채 그 자리에서 물러날 수밖에 없었다. 그 상황을 두고 친구는 이렇게 말했다.

"아마 몇 년 전이었다면 커다란 모욕감을 느꼈을 거야. 그리고 '난 정말 바보같이 굴었어'라며 내 안에서 원인을 찾거나, '거만한 사람들 같으니라고. 나 같은 건 무시해도 좋다는 거야?'라고 그 사람들을 비난했겠지. 어느 쪽이든 마음의 상처가 남았을 테고. 하지만 난 네가 말해준 대로 객관적으로 상황을 평가했어. 그들이 한참 대화하는 와중에 끼어드는 건 적절치 않은 행동이었지. 좀 더 신중했다면 그쪽에서 방해받기 싫어한다는 걸 깨달았을 텐데. 다음부터는 상대의 상황을 봐가며 조심하기로 했어."

가장 위대한 발견은 치밀한 설계가 아닌 우연과 사고에서 얻어진다는 것, 이는 우리의 허를 찌르는 진실이다.

– 칼렙 콜튼Charles Caleb Colton(목사)

우연히 일어나는 일은 없다고 한다. 한순간 든 생각도, 사고도, 실수도 결국 다 교훈을 주기 위함이라는 것이다. 때문에 사고에서 배울 생각을 하지 않는다면 사고는 계속 반복하여 일어날 수밖에 없다.

계획대로 일이 풀리지 않았다고 해서 다 실패는 아니다. 실망하기보다 '여기서 새로 알게 된 점이 무엇일까?'라고 자문해볼 필요가 있다. 그 일은 전체 그림에 어떻게 맞춰지는 퍼즐 조각일까? 어떻게 해야 그 경험을 유익하게 활용할 수 있을까? 가치 있는 무언가를 뽑아

낼 수만 있다면 모든 경험은 저마다 소중하다. 아무것도 배우지 못하고 같은 상황을 되풀이한다면 그야말로 시간 낭비가 아닐까.

아이들은 실망을 발견으로 바꾸는 일에 전문가이다. 언젠가 두 아들을 데리고 수영장에 간 적이 있다. 무슨 일인지 그날따라 수영장은 닫혀있었다. 역시 아이들을 데리고 온 다른 부모들과 함께 나는 인상을 찌푸리며 어떻게 해야 할지, 다른 장소로 가야 할지, 아니면 다른 날로 미뤄야 할지 의논했다. 그동안 아이들은 공을 꺼내 주차장에서 축구 경기를 시작했다. 신이 나서 소리를 지르며 사방을 뛰어다녔다. 결국 어른들은 주차장에 자리를 깔고 앉아 피자를 먹기로 했다. 결과적으로 그날 오후는 훌륭한 주차장 파티로 막을 내렸다.

아이들과의 주차장 파티는 내게 의미 있는 교훈을 남겨주었다. 일은 애초의 계획대로 진행되지 못했지만 결과는 대성공이었다! 바라던 대로 되지 않아도 얼마든지 다른 방식으로 즐길 수 있는 것이다. 당신도 이런 사고의 전환을 시도하면 어떨까. 계획대로 상황이 전개되지 않았을 때 선택은 두 가지이다. 크게 실망하여 결국 실패로 마무리하거나, 아니면 융통성 있게 새로운 가능성을 찾아 즐기는 것이다.

"소풍이나 파티보다 훨씬 더 심각한 일이라면 어쩌지요? 인생을 좌우할 중대한 실수를 저질렀다면요?" 요점은 자신감 있는 사람들은 과거의 실패에 머물며 자신의 능력을 제한하지 않는다는 것이다. 이들은 같은 상황이라도 그것을 어떻게 개선할 수 있는지에 초점을 맞춘다.

워크숍에 참석했던 한 남성은 취업 기회를 놓쳤다며 낙담했다. "제가 기회를 날려버린 셈이었죠. 면접 전날 친구들과 늦게까지 술을 마셨거든요. 잠도 덜 깬 상태로 제대로 준비도 못 한 채 갔으니 떨어지는 것도 당연해요. 어느 질문에도 제대로 답변을 못 했지요. 그런 어리석은 짓을 저지르다니 자신에게 너무 화가 나요."

나는 그를 위로하면서 이렇게 조언해주었다. "취업을 못 한 것에 대해 화를 낼 수도 있지만, 상황을 파악하는 쪽에 초점을 맞추고 다음 기회를 준비할 수도 있어요. 자기 파괴의 길로 가지 말고 자기 진단을 제대로 하는 거예요. 그렇게 행동한다면 실패가 유익한 경험으로 바뀌는 셈이지요."

몇 주 후 그 남성은 전화를 걸어 취업 소식을 알렸다.

"말씀하신 대로 낙담하는 대신 그 경험을 철저히 분석했어요. 어쩌면 취직을 했어도 그 일이 저와 맞지 않았을지 모르겠다는 생각이 들었지요. 저한테 더 맞는 일이 분명 있을 거라 믿었어요. 집에 처박혀 화내는 대신, 제 전문 분야인 컴퓨터 업계 사람들 모임에 부지런히 참석했습니다. 그러다가 결국 마음 맞는 사람을 만나 함께 일하기 시작했답니다. 사무실에 종일 앉아있는 게 아니라 여기저기 다니면서 하는 일이라 마음에 들어요. 고객들의 집을 방문해 컴퓨터를 수리하거든요. 전에는 이런 일이 저와 맞을지조차 몰랐지 뭡니까?"

나의 태양은 다시 떠오른다. – 로버트 브라우닝Robert Browning(시인)

시인은 낙담조차 이토록 시적으로 바라보는 모양이다. 당신도 이렇게 다시 떠오를 수 있는가? 최근에 낙담했던 일을 떠올려보자. 혹시 아직도 거기서 헤어나지 못한 상태인가? 아니면 새로운 희망을 가지고 다시 시도할 작정인가?

미식축구 코치 마이크 디트카Mike Ditka는 이렇게 말했다. "성공은 영원하지 않고 실패도 치명적이지 않다." 자, 이제 이를 자신감과 연결해보자. 실수를 저질렀을 때 우리에게는 두 가지 선택 가능성이 주어진다. 첫 번째는 자신을 비난하는 것이다. 그러면 자신을 부정적으로 바라보면서 계속 후회만 하게 된다. 여기서 그치지 않고 미래에 같은 상황이 되풀이되어 또다시 실수할 것을 두려워한다. 당연히 똑같은 실수를 반복할 가능성도 크다. 두려움은 걱정하던 일이 실제로 벌어지게 만들기 때문이다.

부정적인 혼잣말은 두려움과 불안을 낳고, 이것이 또 다른 불만족스러운 경험의 가능성을 높인다. 그리하여 걱정이 현실화되고 다음 상황에서 한층 더 위축되는 식의 나선형이 그려진다. 그야말로 '최악의 시나리오'라 부를만하지 않은가? 자신을 혹독하게 비난하면 할수록 자신감 나선은 빠르게 아래로 소용돌이친다. 더 나은 사람이 되고 싶은가? 그렇다면 자신에게 결코 화를 내서는 안 된다.

두 번째 가능성을 살펴보자. 우리는 일이 잘못되었을 때 일단 거기

들어간 노력을 칭찬하고 다음에 더 잘하기 위한 방법을 고민하겠다고 선택할 수 있다. 조금이라도 진전이 있을 때에는 자신을 한껏 칭찬해준다. 이미 이뤄낸 것에 초점을 맞추고, 완벽하지 않다 해도 도달 가능한 목표를 향해 계속해서 나아간다.

동시에 새로운 것을 시도하는 자신을 격려하며 친절하게 등을 두드려준다. 작은 성공을 인정하고 칭찬하다 보면 자기 존중감이 커지고, 이를 통해 우리는 더 큰 도전을 할 수 있게 될 것이다. 그리하여 결국은 더 자신 있는 사람으로 거듭날 수 있다. 나는 이를 가리켜 '성공의 나선'이라 부른다.

일이 잘못될 것이라고 늘 중얼거리고 있는가? 그렇다면 백발백중 예언이 맞을 것이다. – 아이작 싱어Isaac Bashevis Singer(작가)

1996년 마스터스 대회에서 골프 선수 그레그 노먼Greg Norman은 6타 차로 결선에서 패배했다. 타수가 벌어지자 경기가 끝나기 전부터 아나운서들은 프로 골프 역사상 가장 큰 이변이라고 떠들어댔다. 대회 첫 이틀 동안 완벽한 경기를 펼쳤던 노먼은 마지막 열두 개 홀에서 무너졌다. 하지만 인터뷰에서 그는 침착하게 "저는 아직도 승자입니다. 다만 오늘 이기지 못했을 뿐입니다"라고 말했다.

당신은 승자의 정신을 가지고 있는가? 치욕스럽게 패배했을 때 자

기 파괴에 빠지는 대신 자기 진단의 길을 선택할 수 있는가? 이제 소
모적인 분노의 감정에만 빠져있지 말고, 다음번에 더 잘 해낼 방법을
모색할 시간이다.

성공의 나선을 만들기 위한 행동 계획은?

놀런은 사진 경연대회에 참여했다. 하지만 상을 받기는커녕 '아마추어를 벗어나지 못한 평범한 작품'이라는 혹평까지 들었다. 놀런은 어떻게 실망감을 이겨낼 것인가.

방해가 되는 말과 행동	도움이 되는 말과 행동
실패의 나선을 그린다. '대회에 참여하지 말았어야 했어.'	성공의 나선을 그린다. '그래도 꿈꿔왔던 일을 시도해볼 용기는 냈잖아.'
자기 파괴에 빠진다. '모욕적이야. 내가 왜 이런 짓을 했을까?'	자기 진단을 시도한다. '어째서 심사위원들이 평범하다고 생각했을까?'
비탄한다. '이런 대회는 어차피 다 엉터리야. 미리 수상자를 정해두었을걸.'	학습한다. '심사위원에게 전화를 걸어 어떻게 실력을 향상시키면 좋을지 물어봐야겠어.'
실망한다. '시간 낭비였어. 두 번 다시 이런 짓은 안 할 거야.'	교훈을 발견한다. '좀 더 철학적이고 멋진 사진을 찍으려면 어떻게 해야 할까?'
분노한다. '친구들이 내가 상을 못 받았다는 걸 알면 어쩌지? 정말 창피해.'	행동한다. '근처 대학에서 사진 강좌가 열린다는군. 나도 신청해봐야지. 많이 배울 수 있을 거야.'

나 스스로 만든 '오늘의 과제'

오늘부터 나는 _____ 할 것이다.

날짜_____ 서명_____

사람들로부터 인정받지
못하는 것 같아 불안하다면…

삶이 시소처럼 느껴진다고? 그건 남들 따라 오르고 내리기를 반복하기 때문이다. – 무명 씨

오늘부터는 '남들이 어떻게 생각할까?'라는 질문이 떠오를 때, 그 즉시 '나는 어떻게 생각하지?'라고 바꿔 생각해보자. 남들의 의견을 받아들이되 자신의 의견과 비교하고 종합하여 최종 결정을 내리는 것이다. 남들 의견만큼이나 자기 의견도 존중해야 한다. 자신만의 고요한 내면을 마련해두자.

누구나 마주치는 삶이라는 힘겨운 전투를 해내야 하는 사람은 바로 당신 자신이다. – E. E. 커밍스E. E. Cummings(시인)

사람들은 누구나 남들로부터 인정받고 싶어 한다. 하지만 인정받는데 너무 매달리면 문제가 생긴다. 작가 앤서니 트롤럽Anthony Trollope은 "자신을 신통치 않게 여기는 사람은 남의 인정도 받지 못한다"라고 하였다.

그런데 많은 사람들이 이와 정반대로 하고 있다. 그저 남들의 판단에 따라 자기를 평가하는 것이다. 깨어있는 순간순간마다 '남들이 나를 어떻게 생각할까?'를 의식한다. 심하게 말하면 무엇을 입고 어떤 말을 하고 어떻게 행동할지 고심하는 과정이 전부 남들의 인정을 받기 위한 노력과 다를 바 없다.

이렇게 하다 보면 우리의 자신감은 롤러코스터처럼 상승과 하강을 반복한다. 남들이 날 좋아하는 것 같아 한껏 들떴다가도, 다음 순간이면 또 그렇지 않은 것 같아 자신감이 바닥으로 곤두박질친다. 이것이 싫다면 남들을 과도하게 인식하는 불안한 마음을 떨쳐버리고 감정적인 독립성을 획득해야 한다. 어디서 누구와 함께 있는지는 중요하지 않다. 우리는 늘 자신과 함께 있기 때문이다.

선택의 가능성이 있다면 둘 다 취하라. — 로렌스 피터Laurence J. Peter(사회학자)

"아니, 잠깐만요. 조금 전만 해도 남들이 나를 어떻게 생각하는지 신경 쓰라고 하지 않았나요? 나를 좋아할 수 있도록 손을 내밀어야 한다고 하지 않았냐고요?" 당신은 이렇게 묻고 싶을지 모르겠다. 그렇다. 나는 두 가지 이야기를 함께 하고 있다. 그러나 이 두 가지가 상충되는 것만은 아니다. 또한 우리 삶에서는 '이것 아니면 저것'이라는 공식보다 '이것과 저것 둘 다'가 필요한 경우가 더 많다.

가령 우리는 남들과 연결되어 살아가야 하지만, 동시에 독자적인 개인으로서 존재해야 한다. 우리 행동에 대한 최종 판단은 자신이 내리지만, 그와 함께 남들의 의견도 고려해야 한다. 이 책의 앞부분에서 나는 우정을 강조하였지만, 그것이 전부는 아니다. 혼자서도 편안할 수 있어야 하는 것이다. 우리는 남들의 요구와 기대에 맞추면서, 동시에 우리 자신의 요구에도 귀를 기울일 줄 알아야 한다.

워크숍을 할 때마다 나는 "당신이 아는 가장 자신감 넘치는 사람은 누구입니까?"라는 질문을 던지곤 한다. 그러면 남들에게 자신을 증명하기 위해 안달하는 사람보다는 자신만의 고요한 내면을 가진 사람들의 이야기가 많이 나온다. 남들이 뭐라고 하든 신경 쓰지 않는 사람 말이다. 당신도 그런 사람을 알고 있는가?

미국 전 대통령 테어도어 루스벨트Theodore Roosevelt는 "다른 무엇보다 내가 내 행동에 대해 어떻게 생각하는지가 가장 중요하다. 그것이 바로 나다"라고 말한 바 있다. 남들이 인정해주기만을 바란다면 우리는 결국 남들이 원하는 대로 행동해야 한다. 이렇게 되면 상대가 누구냐에 따라 행동은 늘 바뀔 수밖에 없다. 나는 없는 것이다.

명심하라. 스스로의 인정을 추구해야만 행동이 안정되고 자신감이 생겨난다.

남이 아닌 나 자신의 소리를 듣게 해주십시오.

– 거트루드 스타인Gertrude Stein(작가)

몇 년 전, 나 역시 남들의 인정과 자신의 내면 사이에서 선택의 기로에 놓인 적이 있었다. 나는 내가 사는 마우이 섬에서 어느 모임에 참석했다가 원주민 할머니로부터 화환을 선물 받았다. 그 무렵 나는 강연을 위해 자주 여행을 해야 했고, 늘 집을 그리워했다. 그 이야기를 들은 원주민 할머니는 내 목에 화환을 걸어주면서 "이제 늘 마우이 섬을 지니고 다니는 셈이에요"라고 말했다.

이후 나는 출장을 다닐 때마다 그 화환을 걸고 다녔다. 세미나에 왔던 한 여성은 "저도 그런 화환을 걸고 결혼했어요!"라고 반색을 했고, 하와이 제도의 화환을 본 게 몇 년 만인지 모른다며 기뻐해준 하와이 출신 이주민도 있었다. 화환은 즐거운 대화의 물꼬를 터주었고, 내 향수병도 달래주었다.

그런데 몇 달 뒤 동료 강연자가 "그걸 걸고 있으면 사람들이 널 우습게 볼 거야. 히피라고 생각할 수도 있어"라고 충고해주었다. 나는 계속 화환을 걸고 다녀야 할지 고민에 빠졌다. 자신의 판단을 신뢰하는 것이 꼭 남들의 의견을 묵살하라는 말은 아니기 때문이다. 진정한 주관은 남의 의견을 받아들여 우리 자신의 생각과 견주어본 후, 현명한 결정을 내리는 데 있다. 나는 화환을 걸지 말아야 할 이유와 계속 걸 수 있는 이유를 표로 만들어 적어보았다.

나는 양쪽의 이유를 견주어본 후 계속 화환을 걸고 다니기로 결정했다. 이후로 가끔 비웃는 눈길도 받았지만, 감탄하고 사연을 궁금해하는 이들을 훨씬 더 많이 만났다.

스스로에게 만족하지 못하는 사람은 다른 곳에서 만족을 찾느라 시간을 허비한다. – 로슈푸코La Rochefoucauld(작가)

당신은 하고 싶지만 남들의 시선이 걱정되어 하지 못하는 일을 떠올려보라. 남들의 목소리보다 내면의 목소리를 더 신뢰할 수 있겠는가? '자신의 힘과 능력, 특성을 믿는 것', 이것이 다름 아닌 자신감이다. 당신도 어떤 일을 하지 말아야 할 이유와 할 수 있는 이유를 정리해보라. 그리고 최종 결정을 내려라.

어느 워크숍 참석자는 고등학교 졸업 25주년 동창회에 참석할 용기가 없다며 고민하고 있었다. 미식축구 선수이자 학생회장으로 선망의 대상이었던 과거의 모습과 달리 이제는 대머리에 배불뚝이 아저씨가 되었다는 이유 때문이었다. 하지만 결국 그는 결단을 내렸다. 옛 동창들이 자기를 어떻게 볼지 모른다는 불안감 때문에 일생에 한 번뿐인 25주년 동창회를 포기할 수는 없다고 판단한 것이다. 남들이 무슨 말을 하든 자기는 동창회를 즐기면 그뿐이었다.

그 판단은 옳았다. 옛 미식축구 코치는 그가 자신이 맡았던 가장 뛰어난 선수였다고 말해주었다. 오랫동안 만나지 못했던 친구들은 그의 겉모습이 아니라 내면을 봐주었다. 동창회를 마치고 돌아온 그는 "그렇게 즐거운 만남을 포기할 생각을 했다니 정말 바보 같았어요"라고 말했다.

자, 어떤 상황에서 당신은 사람들의 인정을 받지 못하는 것 같아 불편해지는가? 어떤 질문이 당신의 확신을 뒤흔드는가? 그럴 때를 대비해 유머러스한 답변을 하나 준비해놓고 재치 있게 맞서면 어떨까?

남들의 생각에 신경을 곤두세우지 않으려면?

베스는 발톱이 갈라지는 증상으로 병원에 갔다가 당분간 운동화를 신고 다녀야 한다는 처방을 받았다. 그러나 대기업 사원인 베스는 정장을 입어야 한다. 정장에 운동화를 신고 출근한 첫날, 베스는 따가운 눈총을 받았다.

방해가 되는 말과 행동	도움이 되는 말과 행동
남들이 어떻게 생각할까? '운동화를 신다니 정신이 나간 모양이라고 하겠지.'	나는 어떻게 생각하나? '몇 달이나 발이 아파 고생했는데 이제 고통스럽지 않게 걸을 수 있어.'
남의 의견에 굴복한다. '사무실에서는 구두를 신고 집에서만 운동화를 신어야 할까봐.'	객관적으로 판단한다. '내 발이 나아야 하지 않아? 다시 구두를 신으면 증상이 악화될 거야.'
남에게 의존한다. '동료들의 생각을 물어봐야지.'	독립적으로 판단한다. '내 생각에 최선인 방향으로 행동해야겠어.'
자신을 불신한다. '사람들은 날 이해해주지 않을 거야. 유별나다고만 생각하겠지.'	자신을 신뢰한다. '크게 보면 이런 일은 아무것도 아냐. 난 내 발을 치료하는 것뿐이야.'
인정받을 방법을 고민한다. '왜 운동화를 신어야 하는지 설명해서 날 이상하게 보지 않게 만들어야지.'	내면의 평정심을 유지한다. '치료가 가능하다니 다행이지 뭐야. 발이 다 나으면 에어로빅도 다시 시작해야지.'

나 스스로 만든 '오늘의 과제'

오늘부터 나는 _____ 할 것이다.

날짜_____   서명_____

What's Holding You Back?

3부

대화법이 내 삶을 바꾼다

연결의 열쇠, 커뮤니케이션Communication 능력

이 지구에 태어난 사람이 다른 이들과 어떤 관계를 맺을지,
어떤 일을 겪을지 등을 좌우하는 가장 큰 요인은 바로 대화 능력이다.
– 버지니아 사티어(심리치료사)

불안감에 떨며 기다리는 대신
먼저 다가서기

:: 오늘을 위한 한마디

성공을 놓치는 가장 확실한 방법은 기회를 놓치는 것이다.

— 필라렛 찰스Philarete Charles(작가)

우리 아버지는 입버릇처럼 기회는 문을 두드릴 뿐, 박차고 들어오지 않는다고 말씀하셨다. 이제 기회가 문을 두드릴 때까지 기다리지 말라. 먼저 뛰어나가 맞아들여라. 친구들이 다가오기를 기대하지 말고 먼저 다가가는 것이다. 하키 선수 웨인 그레츠키Wayne Gretzky는 "시도하지 않는 슛은 100퍼센트 실패한다"라고 말했다. 먼저 걸음을 내디뎌 최고의 슛을 시도해보면 어떨까. 대화 능력이 없다고, 자신감이 없다고 더는 핑계대지 말자. 긍정적으로 생각하겠다고 맹세함으로써 태도를, 그리고 운명을 바꿔보자. 오늘의 핵심은 당신이 다가가고 싶은 상대가 누구인지, 언제 어떻게 먼저 다가설 계획인지 밝히는 것이다. 작가 새뮤얼 존슨Samuel Johnson은 "미래는 오늘이 만드는 것"이라고 했다.

인생은 우정을 통해 굳건해진다. 사랑하고 사랑받는 것은 존재의 가장 큰 행복이다. — 시드니 스미스Sydney Smith(작가)

학교에서 우리는 기초 교과로 분류되는 3R, 즉 읽기Reading, 쓰기Writing, 산수Arithmatic를 배웠다. 그런데 또 다른 R인 인간관계 Relationship는 어떠한가?

프랑스 혁명이나 남북 전쟁은 배웠어도 사람들과 어떻게 지내야 하는지는 배우지 못했다. 27의 루트 값을 어떻게 계산하는지는 배웠어도, 언어를 건설적으로 사용하는 법은 배우지 못했다. 브라질의 주요 수출 품목이 무엇인지는 배웠어도 의미 있는 관계를 어떻게 만들어가야 하는지 배우지 못했다.

효과적으로 자신 있게 대화하는 법이 브라질의 커피콩 생산량을 아는 것보다 훨씬 더 중요하다는 데 당신도 동의하는가? 그러나 우리 대부분은 남들과 어떻게 상호작용해야 하는지에 대해 단 한 과목도 배우지 않았다. 새로운 사람을 만났을 때 어떻게 어색함을 떨쳐내야 하는지, 어떻게 대화를 시작해 이어나가야 하는지, 어떻게 친구를 만들고 사람들과 영향을 주고받을지에 대해서는 알아서, 스스로 깨달아야 했던 것이다.

그리하여 끝내 깨닫지 못한 사람들이 많다. 20대, 30대, 40대, 50대, 60대가 되고 난 후에도 맞지 않는 상대에게, 맞지 않는 시점에, 맞지 않는 말을 하는 일이 계속 벌어지는 것이다.

진짜 삶은 만남에서 시작하고 끝난다. - 마틴 부버Martin Buber(사상가)

지금부터는 이 세상에 태어난 당신과 나의 삶을 가장 크게 좌우하는 요소, 즉 대화 능력에 대해 배우고 생각해볼 것이다. 상대가 누구든 관심을 집중시켜 편안하고 유익한 대화를 나눌 수 있다면, 언제 어디서 누구를 만나도 자신감을 가질 수 있지 않겠는가?

'외향적인 성격으로 태어난 사람에게는 쉬운 일이겠지. 하지만 난 본래 내성적인걸'이라고 생각하고 있는가? 그러나 수줍은 성격은 스스로 선택해 만들어낸 것일 수 있다. 설사 소극적인 성향을 가졌다 해도 사교 능력은 얼마든지 개발할 수 있다. 어른이 된다는 건 바로 그런 게 아닐까?

우리는 자기 행동이 스스로에게 도움이 되는지, 아니면 방해하는지 평가할 수 있다. 현재의 대인관계 기술이 자신감에 기여하고 있다면 그대로 훌륭하다. 그러나 부정적으로 작용한다면 바꾸기로 마음만 먹으면 된다. 우리에게는 바꿀 힘이 있으니까.

말이 곧 문명이다. 침묵은 우리를 고립시킨다. - 토머스 만Thomas Mann(작가)

로스앤젤레스에서 대화에 대한 워크숍을 끝낸 어느 날 저녁이었다. 끝나고도 자리에서 일어나 나가는 사람이 없었다. 나는 한 번 더 마지막 인사를 했지만 마찬가지였다. 명확하게 전달이 안 된 모양이다 싶어 워크숍이 끝났고, 이제 가도 좋다고 다시 말했다. 그때 몇 사람이 일어서더니 서로 이야기를 시작했고, 몇 분 후에는 모두들 즐겁게 이야기를 나누었다. 30분쯤 지나 아무도 금방 떠날 생각이 없다는 게 분명해지자, 나는 호텔 라운지로 가서 모임을 계속하자고 제안했다.

자료를 챙겨 넣는 내게 한 참석자가 다가오더니, 방금 일어났던 일에 대해 자기 의견을 내놓았다. "오늘 여기 모인 이들은 아침에 눈을 뜬 순간부터 잠자리에 들 때까지 늘 여러 사람에게 둘러싸여 살지요. 200만 명이 모여 사는 도시에 있으니까요. 하지만 우리는 모두 외롭습니다. 수십 명의 동료들과 매일같이 손을 뻗으면 닿을 거리에서 일하고 있지만, 서로 연결되었다고 느끼지 못하거든요. 아마 많은 사람들에게 오늘 이 자리는 모두가 자발적으로 참여하며 즐기는 참으로 드문 기회가 되었을 겁니다."

그 경험으로 나는 새로운 사회 현상에 눈을 뜨게 되었다. SNS 등 다양한 매체의 전자 통신이 발전할수록 인간관계는 점점 황폐해지는 것 같지 않은가. 같은 사무실에서 일하는 동료에게 다섯 발짝 걸어가 얼굴을 보며 말하는 대신 이메일을 보내고 만다. 인터넷을 통해 지구 반대편에 사는 사람들과 이야기를 나누면서도 정작 옆집 이웃과는 계속 모르는 사이로 지낸다.

물론 기술이 고도로 발전하면서 우리의 대인관계 기술이 퇴보했다고만 할 수는 없다. 이메일과 웹 사이트는 값싸고 편리하게 관계를 유지시키는 유용한 수단이 되기도 한다. 청소년기에는 부모에게 한마디도 하지 않던 아이가 대학에 간 후부터 문자 메시지를 종종 보낸다는 이야기도 들어본 적이 있으니까. 또한 실제로는 친구가 한 명도 없는 사람이 인터넷에서 같은 취미를 가진 사람들을 만나 대화방에서 신나게 이야기를 나누기도 한다.

이렇게 기술 발전이 가져오는 이점은 분명 존재한다. 하지만 그 이면도 봐야 한다. 미래학자 존 나이스비츠John Naisbitt는 "우리는 넘쳐나는 정보에 파묻혀있지만 아는 것은 거의 없다"라고 하였다. 내 워크숍에 참석했던 이들은 수많은 사람들 속에 파묻혀 살고 있지만 친구는 거의 없는 상황이었다. 아니, 바꿔 말하면 주변에 사람은 많지만 다가갈 자신감이 없었다고 할 수 있으리라.

절대 연애를 하지 못할 거라고 생각하는 친구가 있다. 나는 긍정적으로 생각하라고 충고했다. 이제 그는 절대 연애를 하지 않을 거라고 생각한다. – 새미 쇼어Sammy Shore(코미디언)

좋은 인간관계를 만드는 첫 번째 비밀을 알고 싶은가? 간단하다. 긍정적으로 다가가면 된다. 당신은 "그게 뭐 비밀이라고. 나도 알아"라며 코웃음을 칠지도 모르겠다. 그렇다. 당신이나 나나 다 아는 뻔한 얘기이다. 그런데 실제로 그렇게 하고 있는가?

남들에게 긍정적으로 다가가라는 말은 여전히 중요하다. 우리는 그 반대로 하고 있기 때문이다. 예를 들어보자. 당신은 미혼자들을 위한 모임 장소 입구에 들어서면서 '이건 다 시간 낭비야'라고 생각한다. 사업가들의 교제 모임에 등록하면서 '아무도 나한테는 관심이 없을 거야'라고 생각한다. 무언가 부정적인 사건이 생길 때까지 계속 의혹을 키우다가, 마침내 자기 생각이 맞았다고 확신하는 것이다.

떨쳐버리자. 이제부터는 '기회를 주자'라는 주문을 사용해보자. 나의 책《적을 만들지 않는 대화법Tongue Fu》에서 나는 실제로 만나보기 전에는 평가를 내리지 말고 기회를 주라고 이야기한 바 있다. 상황에 대해서도 마찬가지이다. 그 일이, 그 모임이 가치 있는 것인지 여부는 나중에 판단해도 늦지 않다.

성공은 용감하게 행동하는 이에게 찾아온다. 결과를 두려워하는 겁쟁이는 성공할 기회가 없다. – 자와할랄 네루Jawaharlal Nehru(정치가)

내 친구는 늘 식당을 차리고 싶어 했다. 몇 년 동안 저축하며 계획을 세운 후 친구는 마침내 작은 마을에 소박한 식당을 열었다. 손님들에게 친절했고 음식도 괜찮았지만 장사는 잘되지 않았다. 지나가는 차나 사람이 상대적으로 적은 위치였기 때문이다. 가게가 성공하려면 입지가 중요하다는 점을 간과한 것이다.

반년이 지났지만 친구는 여전히 수익을 내지 못했고, 빚은 늘어만 갔다. 어느 날 그녀가 울며 전화를 해왔다. 나는 "그 지역의 기업인 협회에 나가보지 그래? 잘되면 매월 정기 모임에 음식을 납품하고, 또 각 회사의 행사용 점심 도시락도 배달할 수 있을 거야"라고 조언했다. 친구는 머뭇거렸다. "난 모임에 나가면 잘 어울리지 못하는데⋯⋯." 나는 다시 말했다. "그쪽 도움을 받을 수 있는지 없는지에 따라 네가 처음 1년을 버틸 수 있을지 없을지 결정될 거야. 주변에 네 식당을 알려야 살아남을 수 있다고." 친구는 마지못해 다음 모임에 나가겠다고 약속했다.

그다음 주 수요일 친구는 차를 몰고 기업인 협회 모임 장소로 향하며 생각했다. '정말 이렇게 하고 싶진 않아. 아무도 날 모르잖아. 얼마나 어색하고 불편할까'. 시간이 갈수록 점점 두려움과 불안감이 커졌고, 결국 그녀는 차를 돌려 가게로 돌아오고 말았다. 그해 말 친구는 더 이상 버티지 못하고 식당을 닫을 수밖에 없었다. 그리고 빚을 갚기 위해 취직을 했다. 회계 회사에 들어갔는데, 일주일 뒤 상사는 친구를 기업인 협회에 파견했다. 그 회계 회사에서 기업인 협회의 회계 업무를 담당하고 있었던 것이다.

친구는 불과 몇 달 만에 기업인 협회에 출근하는 입장이 된 셈이었다. 얼마 후 친구는 협회에서 새로운 친구들을 사귀기 시작했고, 지금은 기업인 협회장 자리에까지 올랐다! 친구는 아직까지도 그때 차를 돌리는 대신 점심 모임에 참석했으면 어땠을까, 오늘날 성공한 식당

경영자가 되어있지 않을까 하며 종종 아쉬워한다.

계속 두려워하면 친구가 될 수 있었던 사람도 낯선 이로 남고 만다.

— 셜리 맥클레인Shirley MacLaine(배우)

당신도 지레 겁먹고 하고 싶은 일을 포기한 적이 있는가? 새로운 곳에 가고 싶지만 두려워서 그만둔 적은? 신문에 난 행사 광고를 보고 관심이 생겼지만 왠지 용기가 없어 시도하지 못한 적은?

이제부터는 고질적인 불안감 탓에 기어이 새로운 시도를 포기하지 않도록 노력해보자. 작가 에이미 탄Amy Tan은 "운명을 바꿀 수는 없지만 태도는 바꿀 수 있다"고 하였다. 하지만 나는 태도를 바꿈으로써 운명도 달라질 것이라고 믿는다. 기죽은 채 숨어있는 대신, 먼저 다가가서 낯선 이를 친구로 만들 수 있는 것이다.

물론 먼저 다가간다고 늘 좋은 친구를 얻는 것은 아니다. 하지만 다가가지 않으면 친구를 사귈 수 없다. 워크숍을 진행할 때 나는 자주 참석자들에게 마음에 드는 누군가에게 자기소개를 하고 오라는 숙제를 내곤 한다. 그 숙제는 수많은 성공 사례로 이어졌다. 내성적인 청년 글렌의 경우, 숙제 덕분에 달리기 친구를 만들었다고 한다.

"매일 퇴근 후 저는 공원에 가서 달리기를 합니다. 시계 방향으로 두 바퀴씩 뛰는 거죠. 지난 몇 달 동안 예쁜 아가씨가 저랑 같은 시간에 달리기를 하더군요. 다만 그 아가씨는 시계 반대 방향으로 달렸습니다. 만날 때마다 인사하고 싶다는 생각을 했지만 '누군가와 함께 뛰고 싶었다면 처음부터 혼자 나오지 않았을 거야'라고 지레 짐작을 하고 말았지요. 어차피 저한테는 관심이 없을 것 같아 용기가 나지 않았던 겁니다."

지난주에 워크숍에서 숙제를 받은 후, 그랬던 그에게 변화가 일어났다.

"월요일에 저는 그 아가씨에게 '안녕하세요?'라고 인사를 건넸습니다. 인사를 받아주더군요. 화요일 오후에 다시 만났기에 '날씨가 참 좋지요?'라고 했더니, '그렇군요'라고 대답하더군요. 수요일에는 '함께 뛰어도 될까요?'라고 물어보았습니다. 그랬더니 뭐라고 대답했는지 아세요? '저한테 절대 그 말을 못하실 거라고 생각했어요'라고 웃더군요. 다음 날부터 우리는 시간 약속을 하고 만나 함께 뛰고 있습니다. 제가 먼저 다가가지 않았다면 아직까지도 저는 시계 방향으로, 그녀는 시계 반대 방향으로 뛰고 있겠지요."

결과를 알 수 없다며 시작조차 못하고 떨고 있는 사람에게 진보란 없다.

− 클렘E. J. Klemme(교육가)

당신은 여전히 이렇게 생각하고 있을지도 모르겠다. '친구가 용감하게 기업인 협회에 들어갔다 해도 사람들의 차가운 반응에 맞닥뜨렸을 뿐이라면? 글렌이 인사를 건네도 아가씨가 모른 척 지나쳤다면?'

물론 우리가 먼저 다가갔을 때 거절당할 가능성은 충분하다. 그러나 앞서 이야기했듯 원하는 방향으로 일이 풀리지 않았다 해도 자기 파괴에 빠지는 대신 자기 진단으로 가는 방법을 선택할 수 있다. 그래도 여전히 말처럼 실천하긴 어렵다고 생각하는가? 사람들이 날 싫어하면 어쩌나 걱정인가? 그렇다면 "총격전 자체는 두려울 것 없다. 총격전이 벌어질지도 모른다는 예상이 두려울 뿐이다"라는 영화감독 알프레드 히치콕Alfred Hitchcock의 말을 기억하라.

다음 장에서는 첫인사를 건넨 후 무슨 말을 해야 할지 알려주는 효과적인 대화의 기술을 소개한다. 어떻게 대화를 이어나가는지 알게 되면 사람들과 만나는 일이 두렵기는커녕 기대될 것이다. 불안감에 떨며 기다리는 대신 먼저 다가서게 될 것이다. 나와 상대를 모두 편안하게 만들며 마침내 성공적이고 만족스러운 관계를 맺게 될 것이다.

기다리지 않고 먼저 다가서려면?

산드라는 교사 자격증 갱신을 위한 교육 프로그램에 신청했다. 소극적이어서 사람들과 잘 어울리지 못하지만 용기를 낸 것이다. 공통점이 많은 사람들이므로 친구를 사귈 수 있을 것이라 생각하지만, 그래도 아직 걱정이 태산이다.

방해가 되는 말과 행동	도움이 되는 말과 행동
물러선다. '여러 사람이 어울리는 자리는 부담스러워. 아무래도 신청을 취소해야겠다.'	먼저 다가선다. '취소하고 집에 있으면 평생 이 두려움을 극복할 수 없어. 혼자 집에 있는 게 뭐가 좋겠어?'
주저한다. '아무도 모르는 자리에 가는 건 불편해. 다음 교육을 기다려 아는 사람과 함께 신청하는 게 좋겠어.'	부딪혀본다. '한번 가보는 거야. 나랑 비슷한 사람들이 많을 거야. 근처 학교 선생님들이 올지도 몰라. 그럼 수업 자료도 교환할 수 있겠지.'
회의적인 태도를 갖는다. '나한테 관심을 갖는 사람은 없을 거야. 까다로운 사람만 잔뜩 모였겠지.'	긍정적인 태도를 갖는다. '같은 일을 하는 사람들과 늘 관계를 맺고 싶었잖아. 다른 학교는 어떻게 돌아가는지 궁금해.'
누군가 다가와주기를 기다린다. '어색함을 떨쳐버릴 수 있는 순서가 될 때까지 기다려야지.'	먼저 다가간다. '마음에 드는 사람 옆에 앉아 먼저 나를 소개해야지.'
말 꺼내기를 주저한다. '정말 마음이 불편해. 신문이라도 보면서 누군가 말 걸어주기를 기다려야지.'	먼저 한 발짝을 내딛는다. "안녕하세요? 전 산드라라고 해요. 러셀초등학교 교사지요. 어느 학교에서 오셨어요?"

나 스스로 만든 '오늘의 과제'

오늘부터 나는 _____ 할 것이다.

날짜_____   서명_____

Day
08

처음 만나 무슨 말을 할까?

우리가 삶을 사랑하면 삶도 우리를 사랑해준다.
– 아서 루빈슈타인Arthur Rubinstein(피아니스트)

당신은 어떻게 자신을 소개하는가? 만나고 나서 처음 몇 분 동안 어떻게 하면 긍정적인 첫인상을 줄 수 있을까? 당신이 오늘 해야 할 일은 다음과 같다. 첫째, 상대방이 듣고 쉽게 기억할 수 있는 자기소개를 만든다. 20초 동안의 소개가 멋진 대화로 가는 다리를 놓을 것이다. 둘째, 상대의 이름을 잘 기억하기 위해 노력한다. 이제부터는 악수를 할 때 상대의 눈을 쳐다보고 그 이름을 반복해 말하라. 상대도 그 노력을 인정해줄 것이다. 안타깝게도 이름을 잊어버렸다면 슬쩍 넘어가든지, 솔직히 인정하면 된다. 단 지나치게 당황하여 호들갑을 떠는 것은 금물이다.

첫인상이 당신의 운명을 결정한다. 이는 우리 삶에 매우 드물게 나타 나는 극적인 상황이다. — 바버라 월터스Barbara Walters(언론인)

우리 운명이 첫인상에 좌우된다고? 그러나 안타깝게도 우리는 낯선 이를 만날 때 저절로 긴장하지 않는가? 상대의 시간, 관심, 주의를 끌만한 존재라는 걸 증명해야 한다는 압박감에 시달리는 건 두말할 나위 없다. 이런 압박감은 경직된 분위기를 만든다. 당신이 바라던 편안한 관계와는 정반대 결과이다.

당신은 낯선 사람들과 만날 때 편안한가? 사실 그런 사람은 극히 드물다. 왜일까? 불안감은 '알지 못함'에서 나온다. 새로운 사람을 만날 때 우리는 상대를 모르기 때문에 긴장한다. 상대가 나를 좋아해줄 것인지, 또 내가 과연 온전한 문장으로 말을 잘할 수 있을 것인지 알지 못하기 때문에 긴장한다.

"좋은 인상을 주는 데 두 번째 기회는 없다"는 말을 들어본 적 있는가. 처음 몇 분 동안 어떻게 행동하는가에 따라 상대는 나와 더 많은 시간을 보낼지 말지를 결정한다. 모두의 관심을 살 수 있는 자기소개를 하고 싶은가? 첫 5분 동안 당신과 상대 모두가 편안하게 행동할 수 있는 방법을 알고 싶은가? 그렇다면 'SMILE'을 하나의 구호로써 기억하면 된다. 'SMILE'은 좋은 첫인상을 남기고 어디서든 환영받도록 돕는 5단계 행동 수칙이다. 지금부터 살펴보자.

웃음은 온 세상에서 환영받는다. – 맥스 이스트먼Max Eastman(작가)

'SMILE'의 첫 번째 단계는 바로 이것이다. "S=Smile, 웃어라!" "웃음이 중요하다는 건 나도 안다고요"라고 말하고 싶은가? 물론 잘 알고 있으리라. 그런데 정말로 실천하고 있는가? 중요한 연설을 앞둔 사람들과 워크숍을 할 때 나는 늘 비디오 촬영을 해 자기 모습을 살펴볼 수 있도록 해준다. 그리고 연단에 올라갈 때 어깨를 쭉 펴고, 자리에 선 뒤에는 청중과 눈을 맞추며 활짝 웃으라고 몇 번이고 강조한다. 연사 자신부터 기쁜 모습이 아니라면 청중이 기뻐할 것이라 기대할 수 없다고 말이다.

그러나 처음부터 이렇게 하는 사람은 극히 드물다. 두려움과 불안에 사로잡힌 나머지 딱딱하게 굳은 표정으로 연단에 오르고, 청중 쪽은 한 번 쳐다보지 않은 채 서둘러 말을 시작하기 일쑤이다. 청중의 주의를 집중시키고 자신을 그들과 연결해줄 황금 같은 기회를 덧없이 놓쳐버리는 셈이다. 이런 자기 모습을 비디오에서 보고 나면 하나같이 깜짝 놀란다. 그렇게 무뚝뚝하게 보이려는 의도는 전혀 없었기 때문이다.

두 번째 연습부터는 활짝 웃는 데 성공한다. 그 차이는 대단하다. 무대 위에서 즉각 청중과 유대감을 형성하는 다정한 연사가 탄생하는 것이다. 웃음이 얼마나 분위기를 따뜻하게 만들고 사람들의 마음을 열어놓는지 직접 확인할 수 있다. 누구든 자기에게 웃어주는 사람을 미워하기는 어렵다. 웃음은 상호관계의 시작이다. 상대도 내게 웃음을 보여줄 수밖에 없다.

연설이나 강연뿐 아니라 개인 간의 관계에서도 마찬가지이다. 상대의 긍정적인 반응을 끌어내기 위한 첫 단계는 마음을 담은 진정한 미소이다. 가식적이고 의무감으로 짓는 미소가 아니라……. 그런 미소가 오가고 나면 긍정적 상호작용의 토대가 놓인다. 자고로 '미소는 당신이 편안한 상태라는 걸 보여주는 신호등'이라고 하지 않는가. 미소로 상대의 얼굴도 밝혀주자. 그러면 언제든 편안한 관계가 생겨난다.

주의 집중은 말없는 칭찬이다. – 무명 씨

두 번째 단계, "M=Make the Shake, 악수하라." 악수를 하는 것이 좋을지 그렇지 않을지는 여전히 고민거리이다. 원칙은 무엇일까? 남자가 여자에게 악수를 청해도 되는 걸까? 여자는 남자에게 먼저 악수를 청할 수 있을까? 때로는 어떻게 해야 할지 몰라 어설프게 손을 내밀었다가 거둬들이는 난감한 상황에 처하기도 한다. 나는 언제나 악수를 하는 편이 좋다고 생각한다. 다음 네 가지 이유 때문이다.

● 악수는 어색함을 없애준다. 상대가 어떻게 나올지 모른다며 계속 망설이지 말고 먼저 힘 있게 손을 내밀어 인사를 시작하자.

- 악수는 물리적으로 서로를 연결시켜준다. 신체적인 접촉은 언어와는 전혀 다른 방식으로 사람들을 연결한다. 눈에 보이게 서로 이어지지 않는가.

- 악수를 하다 보면 눈을 마주 보고 내 마음을 전달하게 된다. 눈을 마주 보지 않는 상태에서 소개를 주고받는다면 절대로 그 이름을 기억할 수 없다. 인사 중에 시선이 다른 곳에 가있다면, 상대는 나를 신뢰하지 않을 것이다.

- 악수를 하게 되면 상대방 쪽으로 몸을 굽히게 된다. 이런 몸짓은 '난 당신에게 집중하고 있습니다'라는 의미이다.

다른 문화권에서 온 사람에게도 악수가 통하는 방식일까? 물론 문화적 차이는 고려해야 한다. 때로는 악수보다 가볍게 허리를 굽혀 인사하는 편이 나을 수도 있다. 다른 나라에 가게 된다면 그쪽 문화를 확인하라. 일단 확인하고 나면 자신 있게 행동할 수 있을 것이다.

언어는 생각의 소리이다. 말을 할 때면 우리 마음이 줄줄이 드러난다.
- 무명 씨

세 번째 단계, "I=Intriguing Introduction, 인상 깊게 자기를 소개하라." 자신을 소개할 때는 성격이 고스란히 드러나는 법이다. "무슨 일을 하시나요?"라는 질문을 받을 때 당신은 어떻게 대답하는가? 그 대답은 상대의 관심을 이끌어내는가? 그 대답은 당신을 긍정적으로 부각시키는가? 혹시라도 다음 대화가 이어지지 못하도록 막아버리지는 않는가?

내가 진행하는 워크숍에서는 참석자들에게 자기소개를 하도록 하고, 그것이 '더 알고 싶어요' 같은 반응을 이끌어내는지 확인하는 순서가 있다. 어느 여성 참석자는 기어들어가는 목소리로 "전 그냥 비서예요"라고 말했다. 나는 "당신 자신부터 자기 일에 관심이 없는데 누가 관심을 가져주겠어요?"라고 물었다.

그렇다. '그냥'과 같은 단어는 우리를 위축시킨다. "그냥 가정주부예요"라고 말하는 대신 "전 아이들을 키우고 있어요"라든가 "전 전업주부이자 두 아이의 어머니예요"라고 소개해보면 어떨까? 자신이 하는 일에 자신부터 자부심을 가져야 남들도 그렇게 인정해줄 것이다.

한 남자는 "전 텍스트론 사에서 일합니다"라고 말했다. 이번에도 다른 사람들의 반응은 시큰둥했다. 뭐하는 회사인지 모르니 더 이상 관심을 이끌어내지 못하는 것이다. 그 사람이 어떤 일을 하는지도 감을 잡을 수 없다. 대화의 블랙홀에 빠진 셈이다. 이럴 때는 그저 회사 이름을 대는 것보다 어떤 분야에서 무슨 일을 하는 회사인지 간략하게 설명하는 편이 좋다. 이 남자는 이제 "전 과학자이고요, 우리 회사는 휴화산인 할레아칼라Haleakala를 관측하는 일을 합니다"라고 자신을 소개한다. 그러면 늘 후속 질문이 쏟아진다고 한다.

좋은 자기소개는 상대의 호기심을 끌면서 자신을 드러내는 것이다. 내가 접한 멋진 자기소개 중에는 "전 마사지 치료사입니다. 몸과 마음 모두 느긋해지는 방법을 알죠", "전 제대로 냉동할 줄 아는 사람입니다", "전 치아를 열렬히 사랑하는 사람입니다" 등이 있다. 두 번째와 세 번째로 소개한 사람이 어떤 직업인지 알겠는가? 냉장고 수리업자와 치과 의사이다. 이런 소개는 "그렇군요"라는 예의상 하는 대답 대신 "와, 멋지네요!"라는 반응을 끌어낸다.

그쪽 이름은 기억나지만 얼굴은 모르겠어요. – 그래피티 벽화에 쓰인 글

"L=Learn the Name, 상대의 이름을 기억하라." 다음 단계는 상대의 이름을 기억하는 것이다. 이름을 외우는 데는 도통 소질이 없다고? 그렇다면 "할 수 있다고 생각하면 할 수 있다"는 기업인 헨리 포드Henry Ford의 말을 기억하라. 다음에 소개하는 네 가지 요령이 도움이 될 것이다.

● 기억하기로 결심한다

기억은 저절로 되지 않는다. 마음의 결정이 필요하다. 다시 말해 기억하겠다는 결심이 중요한 것이다. 상대의 이름을 기억할 수 없다면 그건 작정을 하지 않았거나, 아니면 부정적으로 작정했기 때문이다. 예컨대 당신은 사람들이 가득 찬 큰 방으로 들어가면서 '저 사람들 이름을 다 외우는 건 불가능해!'라고 생각한 적이 있지 않은가? 이렇게 되면 이름을 기억하기는 불가능하다.

이제부터는 건설적으로 결심해보자. '모든 사람의 이름을 다 외울 수 있도록 최선을 다하겠어'라고 생각하는 것이다. '전에는 이름 외우기가 어려웠지. 하지만 이제는 그게 중요하다는 걸 알았으니 꼭 기억하고 말 테야'라는 식으로 과거와 거리를 두는 것도 좋은 방법이다.

● 집중한다

상대의 이름을 기억하지 못하는 것은 대체로 처음 소개받을 때 집중하지 않았기 때문이다. 이제 상대가 자기를 소개하는 몇 초 간 최선을 다해 집중해보자. 방 저쪽에서 친구가 손을 흔들더라도 무시하자. 책상 위에 쌓인 서류도 잊어버리자. 온 정신을 상대에게 쏟아야 한다.

● 얼굴을 주시한다

상대의 얼굴을 똑바로 바라보라. 상대가 이름을 말할 때 그 어깨 너머로 시선을 보낸다면 이름과 얼굴이 연결되지 않는다. 그 몇 초 동안 얼굴의 특징을 분석하여 다음에 알아볼 수 있도록 기억해야 한다.

● 여러 차례 반복한다

이름을 듣자마자 큰 소리로 몇 번 따라하라. 그다음에는 시간 간격을 두고 속으로 세 차례 이름을 반복해보라. 반복은 기억의 어머니이다. 반복의 이점은 다양하다. 반복해보면 이름을 제대로 들었는지 확인할 수 있다. 이를테면 재석인지 재식인지, 호동인지 효동인지 확실히 해두어야 한다.

시간을 두고 몇 차례 재현해본 정보는 되살리기가 훨씬 쉽다고 한다. 우리 뇌가 그 정보를 중요하게 인식해 장기 기억으로 저장하기 때문이다. 반복할 때는 여러 감각기관을 동원할수록 좋다. 상대의 이름을 들은 후 얼굴을 바라보며 큰 소리로 말하는 것은 귀와 눈, 입을 모두 사용하는 방법이다. 상대의 이름을 써보는 것도 좋다. 받은 명함에 상대의 특징이나 나눴던 대화를 간단히 요약해 적어두어도 도움이 된다.

워크숍에 참석했던 한 여성은 아찔했던 경험을 털어놓았다. "회사에서 파티를 했을 때 저는 동료들과 그 배우자들에게 이사님을 소개하게 되었어요. 근데 술을 한잔한 탓인지 글쎄 그분 이름이 기억이 안 나지 뭐예요? 얼마나 당황했는지 몰라요. 이럴 때는 어떻게 하면 좋을까요?"

슬쩍 넘어가든지, 솔직히 고백하든지 방법은 두 가지이다. 아는 사람들을 먼저 소개하고 나면 소개받은 쪽에서 악수를 청할 것이고, 이사는 자기 입으로 이름을 소개할 테니 말이다. 이게 어렵다면 잊어버렸다는 사실을 인정해야 한다.

하지만 "아니, 제가 성함을 잊어버렸네요! 어떻게 이런 일이 있지요? 정말 당황스럽군요"라는 식으로 과장하여 사과한다면 일을 더 망치고 만다. "지난 번 이사회에서 뵈었지요? 성함을 한 번 더……." 이 정도면 충분하다. 그렇게 조용히 이름을 확인한 후 아무 일 없었던 듯 다음 대화로 넘어가도록 하라.

이번에는 당신의 이름을 상대가 좀 더 잘 기억하도록 만드는 방법을 정리해보자. 첫째, 이름을 소개할 때 상대의 눈을 바라보며 분명하게 말하라. 둘째, 이름과 성 사이에 약간 간격을 두고 말하라. 셋째, 한 글자 한 글자에 힘을 주어 발음하라. 넷째, 사람들이 쉽게 연상할 수 있는 간단한 설명을 덧붙여라. 발음이 비슷한 단어와 연결시켜주거나 의미를 설명하는 건 어떨까?

오랜만에 만난 사람이 머뭇거리며 당신 이름을 부르지 못할 때는 먼저 다가가 이름을 다시 알려줘라. 손을 내밀고 상대의 이름을 불러준 후 "안녕하세요? 전 톰이에요. 지난해 제리의 결혼식에서 만난 적이 있지요?"라고 말한다면 상대는 당혹감을 떨치고 곧 자연스럽게 대화에 참여할 것이다.

눈길이란 참으로 놀라운 자연 현상이다. 눈길은 존재의 신체적 상징으로 언어를 넘어선다. – 랄프 왈도 에머슨(시인)

다섯 번째 단계, "E=Eye Contact, 눈을 맞추어라." 워크숍을 할 때마다 나는 눈을 맞추는 것 이 얼마나 중요한지 직접 시연으로 보여주곤 한다. 앞줄의 한 학생을 지목해 말을 거는 것이다. "캐롤, 당신한테 할 말이 있어요. 이건 다른 누구도 아니라 당신만을 위한 말이에요."

하지만 눈길은 캐롤을 향하지 않는다. 입으로만 캐롤을 부르며 시선은 강당 안을 이리저리 헤매 다니는 것이다. 그 후 나는 캐롤에게 묻는다. "내 말을 믿을 수 있나요?" 당연히 아니라는 답이 나온다. 눈길이 맞닿지 않는 한 말은 의미를 가질 수 없다.

대체로 수줍은 사람들은 상대를 똑바로 바라보지 못한다. 만약 당신도 그런 편이라면 악수하고 인사를 나누는 단 0.5초 동안만이라도 상대를 쳐다보라. 그래야 당신 인사가 진심이라고 믿어줄 것이다. 랄프 왈도 에머슨은 "눈길은 다정함을 내뿜어 상대의 마음이 기뻐 춤추도록 만든다"라는 말을 남겼다. 잠깐 동안의 눈맞춤이 당신의 다정한 성품을 전달해줄 것이다.

다리가 아니라 벽을 쌓기 때문에 사람들은 고독하다.

— 조셉 포트 뉴턴Joseph Fort Newton (목사)

마지막으로 "SMILE을 한꺼번에." 워크숍의 한 여성 참석자는 그간 까다로운 자기 성격 때문에 다른 사람들과 가까워지지 못했던 것 같다고 털어놓았다.

"오랫동안 애인이 없었어요. 파티에 갔다가 돌아올 때면 '정말 지루한 시간을 보냈어. 재미있는 사람이라곤 한 명도 없었어'라고 생각하곤 했지요. 그러다가 문득 그렇다면 그 자리에 있었던 저 역시 남에게 재미없는 사람이라는 걸 깨달았어요. 제 모습을 돌이켜보니 과연 썩 마음에 들지 않더군요. 멋있게 보이고 싶은 생각에 필요 이상으로 쌀 쌀하게 굴었더라고요. 다른 사람이 제게 다가오지 않은 것도 당연한 일이었어요."

그녀는 마침내 마음먹기에 따라 우리가 얼어붙은 산이 될 수도, 얼음을 깨고 가는 쇄빙선이 될 수도 있다는 사실을 깨달은 것이다. "전 백마 탄 왕자님이 '짠' 하고 나타나거나, 아니면 제가 공주처럼 보이기를 바랐던 셈이에요. 저는 먼저 다가서기로 했어요. 제가 상대에게 관심을 가진다는 걸 알리려 애썼고요. 그렇게 태도를 바꾸고 나니 모든 파티가 즐거워졌답니다."

시인 조셉 애디슨Joseph Addison은 "꽃에게 햇빛이 중요하듯 사람에겐 미소가 중요하다네"라고 노래했다. 오늘부터는 당신도 'SMILE'로 세상을 따뜻하게 만들어보라.

좋은 첫인상을 주기 위한 행동 계획은?

마르샤는 첫 출근을 했다. 새로운 동료들에게 좋은 인상을 주고 싶다. 처음 만나는 자리에서 어떤 말과 행동을 할 수 있을까?

방해가 되는 말과 행동	도움이 되는 말과 행동
어색해하고 불안해한다. '날 좋아해주지 않으면 어쩌지? 어떻게 새로운 구성원이 되어야 할지 모르겠어.'	편안한 마음을 갖는다. '내가 먼저 다가서야지. 함께 일하게 되어 기쁘다고 알려주는 거야.'
굳은 표정을 보인다. '난 여기 속한 사람이 아니잖아. 어서 부담스러운 첫 만남의 시간이 지나가면 좋겠어.'	미소를 보인다. '좋은 관계로 시작할 수 있도록 최선을 다해야지.'
관심을 끌지 못하는 자기소개를 한다. "안녕하세요? 마르샤입니다."	관심을 끄는 자기소개를 한다. "안녕하세요? 전 마르샤라고 해요. 세상에서 제일 맛있는 아몬드 설탕절임을 만들 줄 알죠. 저와 친구가 되어보시겠어요?"
상대의 이름을 잊어버린다. '이런, 저 여자 이름이 뭐더라? 이거 정말 힘들군.'	상대의 이름을 기억하려 노력한다. "죄송합니다. 이름을 제대로 듣지 못했어요. 알리사인가요, 멜리사인가요?"
시선을 피한다. '어색하고 불안하기 짝이 없군. 고개를 푹 숙이고 눈에 안 띄게 해야겠다.'	눈길을 마주친다. '상대가 자기를 소개할 때 똑바로 보고 기억해야지.'

나 스스로 만든 '오늘의 과제'

오늘부터 나는 _____ 할 것이다.

날짜_____ 서명_____

해야 할 말, 하지 말아야 할 말

:: 오늘을 위한 한마디

새 친구를 사귀지 못하는 사람은 삶의 능력을 잃어버린 것이나 다름없다. – 사일러스 미첼Silas W. Mitchell(배우)

오늘의 과제는 하루 종일 사람들과 대화하는 것이다. 말꼬리를 자르지 않고 맞장구쳐주겠다고 결심하라. 조언을 주려 하기보다는 청하라. 상대방에게 휘둘리지 말고 예의 바르게 대화를 끝내라. 당신이 먼저 다가가 '얘기해주세요' 질문을 던지고 단서를 잡아 육하원칙을 따르다 보면, 상대는 즐겁게 친구가 되어줄 것이다. 지금부터 이야기할 이 모든 기법을 바탕으로 상대에게 진정한 관심을 보여준다면 어딜 가든 친구 사귈 걱정은 없다.

대화는 당신 자신을 광고하는 행동이다. 입을 열 때마다 당신은 상대가 마음속을 들여다보도록 열어주는 셈이다.

– 브루스 바튼Bruce Barton(작가)

입을 열어 대화할 때 당신은 어떤 마음을 드러내 보이는가? 당신 자신에 대한 그 '광고'는 사람들을 끌어당겨 더 많은 시간을 함께 보내고 싶도록 만드는가? 추리소설 작가인 마거릿 밀러Magaret Millar도 언급한 바 있지만, 애석하게도 "우리가 하는 대부분의 대화는 목격자 앞에서 이루어지는 독백"에 불과하다. 더 나아가 '나와 나 사이의 전투'가 되어버리는 대화도 드물지 않다.

지금부터는 사람들과 대화를 할 때 해야 할 말과 하지 말아야 할 말을 정리해볼 것이다. 이제 어떻게 대화를 시작하고 끝내야 하는지, 어떻게 하면 모든 사람을 친구로 만들 수 있는지에 대해 알아보자. 또한 어째서 남과 대화를 잘하는 사람이 그렇게 드문지, 과도한 자의식을 극복하고 대화에 뛰어드는 방법이 무엇인지에 대해서도 다뤄보겠다.

상대의 마음을 끌려면 질문을 던지고 귀를 기울여라.

– 말콤 포브스Malcolm Forbes(언론인)

칼럼니스트 애비게일 반 뷰렌Abigail Van Buren은 이렇게 말했다. "세상에는 두 종류의 사람이 있다. 방으로 들어와 '여기들 있었군요!'라고 말하는 사람과 '내가 왔어요!'라고 말하는 사람." 당신은 둘 중 어디에 속하는가?

사람들이 나를 좋아하도록 하려면 나부터 그들을 좋아해야 한다. "내가 무슨 말을 할 수 있을까?"라고 묻는 대신, "저 사람들은 무슨 말을 하고 싶을까?"라고 자문해보자. 사회학자 버트런드 러셀Bertland Russell은 "사람과 사물에 대한 다정한 관심, 바로 거기에 근본적인 행복이 있다"라고 하였다. 우리의 행복은 사람들이 내게 관심을 갖게끔 애쓰는 것을 그만두고, 남들에게 관심을 갖기 시작하는 데 달려있다.

자, 이론은 참 좋은데, 실천은 어떻게 하면 좋겠느냐고? 의외로 어렵지 않다. 당신 의견이나 주장을 말하는 대신 질문을 던져보는 것이다. 사람은 불안할 때 자기 이야기를 한다. 이어 침묵이 다가오면 서둘러 또 다른 자기 이야기로 공백을 메운다. 작가 프랜 레보비츠Fran Lebowitz는 이를 두고, "자기 속을 다 뱉어내는 것이 매력적일 수 있는가?"라고 반문하기도 했다.

무슨 말을 해야 좋을지 모를 때에는 이것저것 말하지 말고 질문하면 된다. 대화는 공을 던지며 서로 주고받는 것과 같다. 당신 이야기를 하면 공은 당신 손에 있다. 당신에게는 재미있을지 몰라도 남들에게는 별로 재미없는 상황이다. 모름지기 공은 정지하지 않고 사람 사이를 오가야 한다. 재미있는 대화는 공이 앞뒤로 계속 오가면서 만들어진다.

한 워크숍 참석자가 이렇게 반문한 적이 있다. "원칙은 알겠지만 실제로는 어떻게 해야 하지요? 저는 지난주에 고객과 점심을 먹으면서 수십 가지 질문을 던졌지만 단답형 대답밖에 듣지 못했어요. 자녀가 몇 명이냐고 물으면 '세 명이요'라고 하고, 사는 동네가 마음에 드는지 물으면 '괜찮아요'라는 식으로요. 나 참, 점심시간 내내 어찌나 지루하던지…….”

문제는 무엇일까? 바로 질문 자체가 단답형을 이끄는 형태였다는 데 있다. 다시 말해 닫힌 질문이라는 것이다. “워싱턴에 가보신 적이 있나요?”, “제가 소개했던 식당에 가보셨어요?”, “금요일에 휴가를 낼 건가요?” 등등……. 해결책은 무엇일까? 그렇다 혹은 그렇지 않다는 답변을 끌어내는 대신, 상대가 생각하고 이야기하도록 만드는 열린 질문을 던져야 한다.

대화라는 건 환상이다. 그저 독백들이 교차할 뿐이다.

— 레베카 웨스트Rebecca West(작가)

아마도 레베카 웨스트는 솜씨 좋게 흥미로운 대화를 이끌어나가는 사람을 만나보지 못한 모양이다. 물론 그의 말대로 우리는 '나와 나 사이의 전투'에 불과한 대화도 종종 할 수밖에 없을지 모른다. 그러나 이제부터는 열린 질문을 던지려 노력하며 '독백들이 교차하는' 상황을 적극적으로 피해보면 어떨까.

가령 '무엇'과 '어떻게'라는 질문은 정보를 요구하여 토론을 이끌어 낸다. "워싱턴은 가보니 어떻던가요?", "그 식당에 가보니 어떠셨어요?", "이번 금요일에 무얼 하실 계획이에요?" 같은 질문을 던지는 것이다. 모두 "네/아니오"라는 답변이 불가능한 질문이다. 사실이 아닌 느낌을 드러내는 답변이 필요하다. 이런 식의 질문은 상대의 답변을 바탕으로 또다시 여러 가지 질문이 꼬리에 꼬리를 물고 나올 수 있게 한다는 장점도 있다.

고객과 지루한 점심시간을 보냈다는 참석자는 다시 한 번 식사를 하면서 변화를 이끌어낸 경험담을 들려주었다. "전에 저는 수많은 질문을 던졌고 고객은 퉁명스럽게 간단한 답변을 했을 뿐이었지요. 하지만 두 번째 만났을 때에는 열린 질문 몇 개만 던졌습니다. '어떻게 컴퓨터 업계로 들어오시게 되었나요?', '저희가 어떻게 도와드리면 좋을까요?' 같은 질문이었지요. 그리고 우리는 여러 가지 논의를 했습니다. 분위기가 정말 좋았어요. 마침내 우리는 친구가 되었답니다. 질문 방식을 바꿨을 뿐인데 지난번과는 천지 차이더군요."

친구를 사귀고 싶다면 그가 내게 호의를 베풀도록 하라.

– 벤저민 프랭클린Ben Franklin(정치인)

상대의 견해를 통해 우리는 상대의 마음으로 들어갈 수 있다. 친구를 사귀고 싶으면 조언을 해달라고 하라. 당신 자신의 견해는 그만 쏟아내고 남들의 견해를 들어보는 것이다. 워크숍에 참석한 어느 회사 사장은 누구에게나 자기 견해를 전달하려는 사람이었다고 한다.

"처음 일을 시작했을 때에는 제 지식과 아이디어를 전달하고 싶은 열망이 컸습니다. 남들이 듣고 싶어 하는지는 안중에도 없이 늘 제 견해를 밝히기에 바빴지요. 어느 날 회의가 끝나자 설립자 회장이 절 따로 불러, 남들의 견해를 묻기 시작한다면 제가 훨씬 발전할 것 같다고 충고하더군요. 그 이후 저는 완전히 바뀌었습니다. 내가 아는 것을 전달하려 애쓰는 것보다는 직원들이 무얼 아는지 확인하는 편이 훨씬 현명한 행동이라는 것을 알게 되었지요. 제 경험을 나눠주기보다 그들의 경험을 공유해야 했던 겁니다. 회사에는 저보다 훨씬 더 오랫동안 업계에 종사한 직원들도 많았습니다. 결국 저는 어줍잖은 제 지식보다 훨씬 더 귀중한 경험을 나눠가질 수 있었습니다."

남들이 나를 좋아하게 하려면 대화의 공이 나보다 남들에게 더 많이 가도록 배려해야 한다. 물론 공이 늘 그쪽에만 있어도 안 된다. 공이 움직이지 않는다면 그것은 대화가 아니라 심문이다. 주고받으며 받아들이고 표현하는 과정이 반복되어야 한다.

하지만 대부분의 사람들은 이미 답이 포함된 닫힌 질문을 주로 던진다. "댄스파티가 재미있었나요?", "프로젝트가 기한 안에 끝났나요?" 이래서 어떻게 대화가 확장될 수 있겠는가. 대화를 확장시키는 마법의 표현이 궁금한가? 바로 "얘기해주세요"라는 말이다. 위의 질문을 "댄스파티가 어땠는지 얘기해줘요", "프로젝트가 어떻게 끝났는지 얘기해주세요"로 바꾸는 것이다. 차이를 알겠는가? "얘기해주세요"는 바로 대화를 확장시키는 고리가 된다.

충실한 하인 여섯 명이 내게 필요한 모든 것을 알려준다. 그들의 이름은 '무엇을', '왜', '언제', '어떻게', '어디서', 그리고 '누가'이다.

– 루디야드 키플링Rudyard Kipling(시인)

의미 없는 피상적인 대화에서 벗어나고 싶은가? 이제부터는 단서를 잡고 육하원칙을 동원해보면 어떨까? 노련한 신문기자들은 인터뷰를 할 때 무엇을 물어야 할지 고민하지 않는다. 그저 첫 질문을 던진 후 누가, 무엇을, 언제, 어디서, 왜, 어떻게 했는지 이어 물을 뿐이다. 우리도 똑같이 할 수 있다.

단서는 상대가 방금 말한 내용의 핵심 단어이다. 오랜만에 누군가와 만났다고 하자. "반가워요. 요즘 어떻게 지내요?"라고 묻자 상대는 "휴가를 다녀왔어요"라고 대답한다. 여기서 단서가 되는 단어는 '휴가'이다. 이제 후속 질문이 만들어진다. "어디서 휴가를 보냈어요?", "언제 돌아왔어요?", "뭐가 제일 좋았나요?", "누구랑 함께 갔나요?" 등등……. "얘기해주세요" 질문으로 시작해 단서를 잡고 육하원칙에 따라 질문을 이어가다 보면, 할 말이 없어 난감한 상황은 좀처럼 벌어지지 않는다.

단서 잡기와 육하원칙은 이렇게 상대의 생각 속으로 깊숙이 들어가게 해주는 멋진 도구이다. "클럽에서 수영하는 걸 좋아하는군요?"와 "어떻게 해서 클럽에서 수영하게 되었나요?"는 전혀 다른 답변으로 이어진다. "IBM이 아니라 매킨토시에 입사하게 되어 좋은가요?"와 "IBM이 아니라 매킨토시를 선택하신 이유가 무엇인가요?"도 마찬가지이다.

한 워크숍 참석자는 이렇게 지적했다. "그런 전략을 사용해야 한다는 게 마음에 안 들어요. 일을 꾸며내는 기분인 걸요." 그저 상대의 입밖으로 말을 꺼내기 위한 술수라고 생각한다면 그럴 수도 있다. 하지만 가슴으로 상대와 연결되기 위한 대화 도구라고 생각하면 어떨까? 어색한 자리를 모면하는 방법에 그치지 않고 서로에게 유익하고 흥미로운 대화를 펼치기 위한 전략이라면, 충분한 가치를 지닌 것이 아닐까?

경쟁이나 자랑 따위 없이 조용히 서로의 느낌을 교환하는 것이 가장 행복한 대화이다. – 새뮤얼 존슨(작가)

내성적인 성격의 엔지니어 토니는 오로지 집과 직장만 오가며 산다고 했다. 그에게는 상대에게 먼저 다가가는 일이 너무나 막막했다.

"전 컴퓨터 앞에서는 물 만난 고기가 되지만 낯선 사람들 앞에만 서면 마치 고장 난 기계 같습니다. 무슨 말을 해야 할지 모르겠어요. 무언가 재치 있는 말을 찾아내느라 식은땀이 다 납니다. 그런데 워크숍을 들으면서 특별한 말이 필요 없다는 걸 깨달았어요. 그저 '얘기해주세요'라는 질문이면 충분한 거였죠."

토니는 당장 이 방법을 시험해보고 싶어 워크숍이 끝나고 집으로 돌아가면서 한 식당에 들렀다. 그리고 바에 앉아 식사를 주문했다.

"용기를 내어 옆에 앉은 여성에게 먼저 '무슨 일을 하시나요?'라고 물었습니다. 부동산 중개인이라더군요. 예전 같았으면 제가 부동산 관련 지식이 전혀 없었으니 무척 당황했겠지요. 하지만 이번에는 워크숍에서 배운 대로 '전 부동산에 대해서는 아는 게 없어요. 요즘 시장이 어떤지 좀 말씀해주시겠어요? 주택을 구입하기에 괜찮은 시기인가요?'라고 물었습니다. 우리는 이내 흥미진진하게 이야기를 나누었고, 전 부동산에 대해 꽤 많은 걸 배웠지요."

잠시 후 여자가 작별 인사를 하고 떠난 후, 이번에는 다른 남자에게 "무슨 일을 하시나요?"라고 말을 붙였다. 상대가 보험 판매원이라고 대답하자 토니는 다시 "전 보험에 대해 잘 모른답니다. 좀 얘기해주세요. 30대 독신 남자가 생명보험에 가입할 필요가 있을까요?"라고 물었다. 그 남자는 토니에게 너무 비싸지 않게 보험에 가입하는 법에 대해 알려주었다.

"'얘기해주세요'는 제 인생을 바꿔놓았습니다. 이제 더 이상은 무슨 말을 해야 할지 걱정하지 않아요. 이 말을 기억하는 한 늘 상대에게 할 말이 있거든요. 저는 그 식당 단골이 되었고, 갈 때마다 새로운 사람들과 만나 이야기를 나눈답니다."

남의 관심을 받기 위해 애쓰며 보내는 2년보다 남에게 관심을 가지며 보내는 두 달 동안 훨씬 더 많은 친구를 사귈 수 있다.

— 데일 카네기Dale Carnegie(컨설턴트)

데일 카네기의 말은 시대를 초월한 진리이다. 상대의 말이 끝난 후 우리는 선택의 기로에 놓인다. 맞장구를 칠 것인가, 아니면 말꼬리를 자를 것인가. 제대로 맞장구를 쳐 상대의 이야기를 더 끌어낸다면, 우리는 주변에서 보기 드문 대화의 달인이 된다. 반면 말꼬리를 자른다면 상대의 힘을 빼 결과적으로 대화가 아닌 독백만 이어지기 십상이다.

그럼 어떻게 해야 말꼬리를 자르는 대신 맞장구를 칠 수 있을까? 마찬가지 이치다. "나는 어떻다"가 아니라 "당신은 어떤가요?"라고 말하면 된다. 예를 들어 상대가 최근에 재미난 영화를 보았다고 말한 상황이라면, "아, 저도 어제 보았어요"라고 말하는 대신 "영화가 어땠어요?"라고 묻는 것이다. "나는 어떻다"는 대화의 공을 자연스럽게 상대에게 가져가는 것이다. "당신은 어떤가요?"는 내가 아닌 상대를

중심인물로 만들어준다. 상대 또한 당신의 그런 배려를 금방 눈치챌
것이다.

말하기의 반대는 듣기가 아니다. 기다리는 것이다. - 프랜 레보비츠(작가)

어느 칵테일 파티에서 나는 '김 빼기'와 '힘 실어주기'의 차이를 목
격한 적이 있다. 전직 해군 비행사였던 사람이 전투기 이착륙에 대한
실감 나는 설명을 막 마친 참이었다. 두 사람이 동시에 입을 열었다.
한 사람은 기다렸다는 듯이 "나도 조종사요"라고 하였고, 다른 한 사
람은 "그 시절이 정말 그리우시죠?"라고 하였다. 여기서 질문! 말하던
사람은 누구 쪽으로 몸을 돌렸을까?

나 역시 실수할 때가 많다. 호놀룰루 공항에 자주 들락거리면서 친
해진 직원 샌디에게 그랬다. 어느 날 택시를 기다리면서 인사를 했더
니 샌디는 "제 조카가 해군사관학교를 졸업했어요!"라고 자랑스럽게
알렸다. 나는 무심코 "아, 그래요? 전 해군사관학교에서 결혼식을 했
었는데"라고 대답하고 말았다. 순간 샌디의 얼굴이 살짝 일그러졌다.
내가 샌디의 자랑거리를 빼앗아버린 셈이었던 것이다.

물론 실수를 만회할 기회는 있다. 상대의 김을 빼버렸다는 걸 깨달
았다면 곧장 "당신은 어떤가요?"라고 질문을 던지는 것이다. 가령 그
날 나는 이렇게 만회하는 질문을 던졌다. "아, 그래서 졸업식에 다녀

오셨나요?", "조카분하고 함께 찍은 기념사진을 보여주실래요?" 다행히 샌디는 곧 자랑스러운 얼굴로 돌아왔다.

당신을 볼 때마다 혼자 있고 싶다는 바람이 강해집니다.

– 오스카 레반트Oscar Levant(음악가)

'난 대화를 시작하거나 유지하는 데 문제가 없어. 하지만 어떻게 끝내야 할지를 모르겠어'라는 고민을 하고 있는가? 어느 워크숍 참석자는 내게 이런 고민을 털어놓았다. "사람들에게 어떻게 지내느냐고 묻기가 두려울 지경이에요! 지난주 모임에서는 어느 자아도취 환자한테 붙들리는 바람에 좀처럼 빠져나오지 못하고 곤욕을 치렀답니다."

세상에는 자기 얘기만 끊임없이 늘어놓는 사람들이 있다. 그만 실례하겠다고 떠나도 기꺼이 받아줄 준비가 되어있는데, 상대는 도통 말을 끝내지 않는다. 운 나쁘게 그런 상대를 만났을 때 어떻게 빠져나오면 좋을까? 자기 말만 늘어놓는 무신경한 사람을 만났다면, 다음 네 가지 단계를 통해 대화를 끝내도록 하라.

1단계: 말하는 중간에 끼어들어 이름을 부른다

그렇다. 끼어들어라. 상대가 이미 무례한 상황이므로 억지로 대화의 공을 빼앗는다 해도 그리 무례한 것이 아니다. 잘못하면 당신의 저

녘 모임이, 다음 일정이 엉망이 되어버릴 수 있는 상황이니 말이다. 이름이 불리면 상대가 말을 멈출 것이다. 그때를 포착해야 한다.

2단계: 상대가 했던 말을 요약 정리한다

상대가 말을 멈추자마자 "이제 난 가야겠어요"라고 하기보다 상대 이야기의 핵심을 정리해보자. "그 클럽에 그렇게 재미있는 프로그램이 많군요. 꼭 확인해봐야겠어요." 이런 정리, 요약을 통해 대화는 순환 형태를 이룬다. 상대도 당신이 자기 말을 듣고 있었다는 걸 확인하게 되는 것이다.

3단계: '하자마자', '했으면 좋겠다' 등의 표현으로 상황을 마무리한다

"집에 돌아가자마자 클럽 회원권 문의 전화를 해보지요"라는 식으로 마무리하는 것이다. 행동이 필요 없는 상황도 있다. 우연히 만난 전 직장 동료가 그 직장 얘기를 끝없이 늘어놓는다면 "그곳 상황은 예전과 다름없이 나쁘네요. 어서 변화가 있으면 좋겠어요"라고 마무리하면 충분하다.

4단계: 언어적, 신체적으로 물러선다

"좋은 정보를 알려주셔서 고마워요" 혹은 "덕분에 최근 소식을 전해 들었네요" 등 예의 바른 인사를 하고 난 후, "그런데 이제 집으로 가야겠어요" 또는 "제 친구들이 저기서 기다리고 있어서요"라고 말하

라. 시선은 계속 상대를 보면서 뒤로 한두 걸음 물러서는 것도 괜찮다. 당장 몸을 홱 돌려버린다면 예의에 어긋나지만, 뒤로 몇 걸음 물러서는 것은 내 의사를 확실히 전달하는 방법이 된다.

여성운동가 글로리아 스타이넘Gloria Steinum은 "사람들은 스스로 좋은 사람이 되려고 노력하기보다 좋은 사람을 만나려 애쓴다"라고 말한 바 있다. 지금까지 소개한 방법들은 당신이 좋은 사람이 되는 데 도움을 줄 것이다. 이제 이론을 실천에 옮겨볼 차례다. 당신이 언제, 어디서, 누구를 만나든 편안하게 대화할 수 있게 되길 바란다.

편안하게 대화하고 싶다면?

패트리샤는 남편 직장에서 열리는 연례 파티에 참석했다. 남편은 직책상 파티 곳곳을 챙기느라 바쁘게 돌아다녀야 하기 때문에 패트리샤 혼자 머쓱하게 서있는 시간이 많다. 패트리샤는 파티를 통해 여러 새로운 사람들과 사귀고 싶다.

방해가 되는 말과 행동	도움이 되는 말과 행동
서술형 대화를 한다. "저는 회계사예요."	질문을 던진다. "어떻게 해서 여행업에 종사하게 되셨나요?"
심문한다. "여행사 직원으로 일하는 것이 마음에 드나요?"	받아들이고 표현한다. "제일 좋았던 여행지는 어디인가요?"
닫힌 질문을 던진다. "아, 저도 영국에 가보았어요. 다이애나 황태자비도 보았답니다."	열린 질문을 던진다. "저렴한 항공권을 찾아준다는 웹 사이트 이야기는 들었어요. 어떻게 그게 가능한 거죠?"
말꼬리를 자른다. "런던은 물가가 너무 비싼 도시예요. 저희는 극장에 딱 한 번밖에 못 갔답니다."	맞장구를 친다. "거기 계시는 동안 극장에 가보았나요? 〈캐츠〉를 상연하고 있던가요?"
침묵 속에서 괴로워한다. '정말 쉬지 않고 혼자 떠들어대는 사람이군. 여보세요! 누가 저 좀 도와주세요.'	예의 바르게 대화를 끝낸다. "신용카드 문제에 대해 자세히 설명해주셔서 고마워요. 이제 저는 남편을 찾아봐야겠어요."

나 스스로 만든 '오늘의 과제'

오늘부터 나는 ＿＿＿＿＿＿＿＿＿＿＿＿＿ 할 것이다.

날짜＿＿＿＿ 서명＿＿＿＿

Day 10

상대를 기쁘게 하는 가장 좋은 방법

:: 오늘을 위한 한마디

그는 침묵할 수 있는 능력을 가졌다. – 존 르 카레John le Carre(작가)

오늘의 과제는 세 사람을 만나 최선을 다해 상대의 이야기를 들어주는 것이다. 르 카레가 말했듯 침묵할 수 있는 능력은 매우 중요하다. 상대의 얼굴 보기, 몸을 앞으로 살짝 굽히기, 눈썹을 치켜세우기, 열성적으로 듣기라는 네 가지 요소를 모두 활용하여야 한다. 내가 뭐라고 말해주어야 하는지에 대해서는 생각할 필요 없다. 상대의 입장과 시각에서 상황을 바라보는 것으로 충분하다. 그렇게 완전히 집중해주는 것으로 당신의 자의식과 수줍음이 극복될 것이다. 여러 명이 모인 자리라면 지휘자 역할까지도 담당할 수 있으리라.

매력의 핵심은 다른 사람 속에서 자기를 잃어버리는 것이다.

– 엘리노어 루스벨트Eleanor Roosevelt(사회운동가)

‘여러 기법을 다 사용한다 해도 여전히 대화하는 게 힘들면 어쩌지?’ 이런 걱정이 든다면 엘리노어 루스벨트의 조언을 기억해보자. 다시 한 번 ‘내가 어떻게 보일까?’, ‘무슨 말을 하면 좋지?’, ‘나에 대해 어떻게 생각할까?’라는 생각을 버리고 상대방 중심으로 돌아서는 것이다. 이를 위해서는 ‘보기, 굽히기, 올리기, 듣기’라는 네 가지 행동이 필요하다.

- 보기 상대의 얼굴을 주목하라. 시선이 흔들리면 마음도 흐트러진다. 시선을 고정해야 한다.
- 굽히기 앞으로 몸을 살짝 굽히고 상대에게 온전히 집중하라.
- 올리기 눈썹을 살짝 올려라. 그러면 관심이 활성화되고 에너지의 강도가 올라간다.
- 듣기 고개를 한쪽으로 갸웃하는 느낌으로 기울이며 들어라. 호기심을 높여주는 고전적인 자세이다.

이러한 행동의 중요성을 실제로 보여주기 위해 나는 워크숍에서 참석자들에게 가상 행동을 시키곤 한다. 우선 도저히 참지 못할 정도로 지루하다고 상상하며 그 상태를 몸으로 나타내도록 한다. 참석자들은 의자 등받이에 기대 고개를 젖히고 어깨를 축 늘어뜨린다. 눈빛은 흐리멍덩하고 얼굴에는 괴로운 표정이 역력하다. 약속이나 한듯 모두들 똑같은 모습이다. 그런 다음 참석자들이 서로서로 그 모습을 살펴보게 한다.

그 후에는 내 입에서 더할 나위 없이 귀하고 중요한 말이 흘러나온다고 상상해달라고 부탁한다. 순식간에 자세가 달라진다. 의자 앞으로 바짝 당겨 앉아 몸을 앞으로 굽히고 눈썹을 위로 치켜뜬 채 나를 주목하는 것이다. 눈에서는 광채가 난다. 나는 다시 참석자들이 서로의 모습을 살피도록 한 뒤 말한다. "바로 이렇게 하시면 됩니다."

그렇다. 상대에게 관심을 가지면 자동적으로 열성적인 자세가 된다. 그런데 놀랍게도 열성적인 자세를 갖추기만 해도 상대의 말에 조금 더 관심을 갖게 된다. 자세 자체가 관심의 초점을 나보다 상대에 맞추도록 만들고, 결과적으로 불안감과 산만함을 줄여주는 것이다.

듣기는 열정적이고 인간적으로 관심을 표명한다. 우리는 꽉 막힌 벽처럼 들을 수도 있고, 소리가 쩌렁쩌렁 울리는 커다란 강당처럼 들을 수도 있다. – 앨리스 듀어 밀러Alice Duer Miller(작가)

워크숍 참석자 중에는 체구가 큰 붉은 머리의 남자가 있었다. 그는 다른 사람들과 만나면 늘 마음이 불편했다고 한다.

"제가 모임에서 제일 키 큰 사람일 때가 많거든요. 게다가 머리까지 빨개서 혼자만 튀어 보이는 것 같아 늘 신경이 쓰였지요. 지금 생각해보니 과도한 자의식에 빠져있었던 것 같습니다. 상대의 말에 귀를 기울이지 못했지요. 이제는 내 생각만 하기보다 이야기 속의 상대방 입장이 되어보려고 노력합니다. 덕분에 더 이상 제 자신을 계속 의식하느라 불안해하는 일이 없습니다."

불안이나 당황스러운 감정에서 벗어나는 또 다른 방법은 나 자신의 가치를 증명하려 애쓰는 일을 그만두는 것이다. 작가 킨 허바드Kin Hubbard가 지적하듯이, 우리는 입이 아니라 귀로 상대에게 선의를 전달할 수 있다. 늘 주변 사람들을 웃겨야 한다는 압박감에 시달려왔다는 어느 참석자는 이 점을 특히 반가워했다.

"전 어릴 때부터 가족의 코미디언이었습니다. 부모님은 늘 재미있는 얘길 해보라며 절 부추기곤 하셨지요. 물론 제 말을 듣고 사람들이 깔깔 웃으면 저도 즐거웠습니다. 하지만 시간이 지나면서 그게 부담이 되더군요. 사회생활에서도 마찬가지였어요. 주변에서 늘상 웃음거리를 찾아야 한다는 강박이 컸습니다. 또 좋은 우스갯소리가 떠오르면 제가 말할 차례가 아니어도 당장 해버려야 했습니다."

하지만 그는 워크숍에 참석하면서 사람들과 어울리는 데는 다른 방법도 있다는 걸 배웠다. "말하기보다 잘 듣는 게 중요하다는 이야기는 저에게는 너무나 새로운 사실입니다. 어쩌면 이제까지 저는 우스갯소리로 남들을 괴롭혀왔는지도 모르겠다는 생각이 들었지요. 이제부터는 입을 좀 다물어야겠습니다. 늘 사람들에게 기발한 웃음을 줘야 한다는 생각에서 벗어나니 훨씬 편합니다. 친구들도 저를 대하기가 덜 부담스럽다고 하더군요."

심리학자 조이스 브라더스Joyce Brothers는 "듣기는 가장 큰 호의이다"라고 했다. 상대에게 집중함으로써 당신이 갖고 있는 호의를 보여주자. 당신 자신에 대해서만 이야기하는 것은 대화를 통제하는 방법이다. 그것은 자기가 우월하고 모두들 나에 대해 듣고 싶어 한다는 생각을 바탕으로 한다. 또한 상대가 이야기할 권리와 요구를 묵살하는 이기적인 행동이다. 남은 안중에도 없고 자신만 생각한다는 의미이기도 하다.

대화를 할 때는 양쪽이 동등한 기회를 가져야 한다는 점을 언제나 명심하라. "나는 내 생각을 이미 알고 있다. 더 알아야 할 것은 남들의 생각이다." 전 미국 부통령 린든 존슨Lyndon Johnson의 이 말을 늘 기억해야 한다.

훌륭한 대화는 멋진 경치와도 같다. 계속 이어지면서도 변화무쌍하고 새로이 감탄할 대상이 연이어 등장한다. – 랜돌프 본Randolph Bourne(언론인)

이상적인 세상에서는 모든 대화가 랜돌프 본이 표현한 대로 이루어질 것이다. 아쉽게도 실제 세상에서 이런 대화는 거의 없다시피 하다. 하지만 누군가가 조율자 역할을 맡는다면 상황은 달라진다. 오케스트라의 지휘자를 떠올려보자. 지휘자 자신은 악기를 연주하지 않지만 여러 악기의 소리를 조화롭게 이끌어낸다. 대화나 토론에서도 바로 그런 지휘자가 필요하다. 한 여성의 경험담을 들어보자.

"저는 같은 직종 사람들이 모이는 오찬 회의에 갈 일이 많습니다. 여덟 명에서 열 명의 사람들과 함께 앉게 되지요. 그런데 그 가운데 두 명만 서로 아는 사이인 경우가 제일 싫어요. 그 두 사람은 다른 모두를 무시하고 자기들 얘기만 하거든요. 나머지 사람들은 별 수 없이 샐러드 접시만 노려보며 앉아있어야 하지요."

그녀는 워크숍에 참석하면서 이제 자신이 지휘자 역할을 해보기로 결심했다. 우선 같은 테이블에 앉은 사람들에게 "이렇게 만난 것도 인연인데 돌아가면서 각자 자기소개를 하면 어떨까요?"라고 제안해보았다.

"소개가 끝나도 초청 강연이 시작되기까지 20분가량 남더군요. 그래서 각자 최근 업무에서 당면한 문제를 털어놓고 의논해보자고 했어요. 한 사람의 말이 너무 길어지지 않도록, 또 모든 사람이 이야기할 수 있도록 제가 조율하는 역할을 맡았고요. 오찬이 끝난 후 같은 테이블에 앉았던 모든 사람이 감사 인사를 하더군요. 한 사람은 '저 혼자 멀뚱멀뚱 앉아있는 게 싫어 이런 오찬 회의는 빠지기 일쑤였지요. 하지만 덕분에 멋진 자리가 되었습니다. 초청 강연보다 우리 테이블 토론에서 더 많은 것을 배웠고요. 다음번에는 저도 당신 같은 역할을 해보고 싶습니다'라고도 말해주었어요."

랜돌프 본은 "좋은 토론은 참석자 모두의 지평을 넓혀준다"라는 말을 남겼다. 누군가 용감하게 나서준다면, 그리하여 전체 대화를 조율해준다면 정말로 그렇게 된다.

자의식을 극복하려면 어떻게 해야 할까?

론은 여럿이 모인 자리에서 늘 당황한다. 자신감이라고는 도통 찾아볼 수 없다. 미혼 남녀 모임에 참석하게 되었지만 날짜가 다가올수록 걱정만 커진다.

방해가 되는 말과 행동	도움이 되는 말과 행동
자의식에 시달린다. '그런 상황에서는 늘 어색해. 이번에도 말 한마디 못할 거야.'	자신감을 갖는다. '내 불편함을 자꾸 생각하지 말고 남들을 편하게 만드는 데 집중해야지.'
괴로워한다. '그런 모임에 나가려 하다니 정말 멍청한 짓이야. 아무도 나한테 말을 걸지 않을 거야.'	집중한다. '상대를 똑바로 바라봐야겠어.'
상대에게 압도당한다. '정말 미인이네. 나 같은 사람한테 관심이 있을 리 없어."	함께 어울린다. "전 이런 자리가 처음인데요. 조언해주실 것이 없나요?"
불편하게 느낀다. '왜 재치 있는 농담이 하나도 생각 안 나는 거지?'	남들을 편안하게 만든다. "그러니까 금요일마다 미혼 남녀 모임이 열려야 한다고 생각하시는군요?"
대화를 통제한다. "다과를 좀 더 잘 갖추고 좋은 밴드를 불러왔어야 한다는 생각이 드는군요."	대화를 유도한다. "전에도 모임에 오셨다고요? 그때도 이 밴드가 연주를 했나요?"

나 스스로 만든 '오늘의 과제'

오늘부터 나는 _____ 할 것이다.

날짜_____ 서명_____

낯선 곳에 혼자 뛰어들어
우아하게 살아남기

:: 오늘을 위한 한마디

가장 행복한 삶은 바쁘면서 고독한 것이다. – 볼테르Voltaire(작가)

친구가 많으면서 고독도 즐길 수 있다면 행복하다. 늘 주변에 사람들이 북적이는 것도 싫지만 언제나 혼자인 것도 싫으니 말이다. 두 가지 상황이 적절히 조화되는 것이 최고다. 오늘은 원하던 활동을 하거나 가고 싶었던 곳에 가보면 어떨까. 미리 혼자 움직일 준비를 하자. 혼자서 어딘가에 들어갔다면 선택은 여러 가지이다. 혼자임을 즐기며 시간을 보낼 수도 있다. 적당한 사람을 찾아 도움을 청할 수도 있다. 모여있는 사람들 사이에 끼어들 수도 있다. 무엇을 선택하든 가고 싶어 죽겠는데 '함께 갈 사람이 없어 집에 남는 것'보다는 좋은 경험이 될 것이다.

두려움은 대부분 화장지처럼 얇다. 조금만 용기를 내도 극복할 수 있
다. – 브렌던 프랜시스Brendan Francis(극작가)

혼자 여행을 하거나 모임에 참석하기가 어색한가? 혼자 가느니 차라리 안 가고 말겠다는 사람이 많다. 하지만 자유롭게 원하는 때에 원하는 걸 할 수 있다는 점을 생각하면 혼자 움직이는 것은 고마운 일이다.

혼자서 당당하게 다니는 법을 알고 싶은가? 핵심은 도움을 청하거나 도움을 주는 데 있다. 이를 통해 낯선 외부인이라는 느낌에서 벗어나는 것이다. 혼자서 어딘가 갈 때 두려움이 생기는 까닭은 자신이 그곳에 속하지 않은 외부인이라는 느낌 때문이다. 모름지기 사람은 낯선 이들로 가득한 곳에서 편안함을 느끼기 어렵다. 따라서 목표는 신속하게 낯선 이들을 친구로 만들고, 당신 자신이 무리의 구성원이 되는 것이다. 이를 위해서는 당신은 그곳에 처음 갔으며, 도움을 필요로 한다는 점을 알려야 한다.

식당에서 옆에 앉은 사람들에게 용기를 내어 말을 붙였던 내성적인 엔지니어 토니를 기억하는가? 이번에는 그가 댄스파티에 혼자 갔던 이야기를 들어보자.

"커다란 클럽 주차장으로 들어가 낯선 차들을 바라보니 순간적으로 용기가 사라졌어요. 모두들 커플로 왔을 텐데 저만 아는 사람이 하나도 없을 것 같았거든요. 주차장을 세 바퀴나 돌면서 집으로 가버릴까 망설이다가 결국 용기를 내고 주차를 했답니다. 집에 혼자 있어봤자 좋을 일이 없을 테니까요. 안으로 들어가 입장료를 내고 접수대의 여자에게 말을 붙였지요. '여기 처음 왔는데, 어떻게 하면 좋을까요?' 그 여자는 웃으면서 자기 옆에서 주차권의 도장 찍는 일을 도와달라고, 그 일이 끝나면 자기가 사람들과 인사시켜주겠다고 하더군요. 저는 사람들과 즐겁게 어울리며 춤을 추었습니다. 행사가 끝나고 그 여자가 인사를 하더군요. '다음 달에도 또 와주시겠어요? 여자 참석자가 훨씬 많기 때문에 남자들은 언제나 환영이랍니다.' 제가 주차장에서 망설이다 집으로 가버렸으면 어쩔 뻔했어요?"

혼자 갔다고 해서 계속 혼자서 시간을 보내라는 법은 없다. 미소 지으며 사람들에게 도움을 청하면, 곧 당신도 그곳의 일원이 될 것이다.

낯선 대도시를 혼자 어슬렁거리며 돌아다니는 것은 인생에서 가장 멋진 경험이다. – 가말리엘 브래드포드Gamaliel Bradford(작가)

나의 지인 코니 아주머니는 은퇴 후 한 해에 한 번씩은 유럽 여행을 한다. 평소 외국어 회화 연습을 하고 미술 책을 보며 공부도 하면서 여행을 준비하는 데도 열심이다. 여행을 좋아하는 정도가 아니라 여행하기 위해 산다고까지 말씀하시곤 한다.

"난 늘 누군가와 함께 다녔지. 그래야 할 것 같았거든. 하지만 쉬운 일이 아니었어. 난 걷는 게 좋은데 동행한 사람은 택시를 타자고 하고, 난 미술관 한 곳에서 종일 그림을 감상하고 싶은데 상대방은 한두 시간이면 지겨워하기 일쑤였지. 난 결국 끊임없이 양보하면서 타협해야 했어. 지난해 나는 작정을 하고 혼자 떠났어. 처음에는 일흔이나 먹은 할머니가 혼자 유럽으로 떠난다는 게 불안했지만 결과적으로는 아주 좋았어. 내가 원하면 모나리자 그림 앞에서 두 시간을 앉아있을 수도 있고, 새벽 6시에 세느 강변에서 해 뜨는 광경을 보기도 했지. 왜 진작 그렇게 못했을까 후회가 막심했어."

추리소설 작가 아가사 크리스티는 "잘 알고 안전한 일만 하거나, 혼자서 새로운 도전을 하거나 둘 중 하나이다. 지금 시도하지 않으면 영원히 기회는 없다"라고 하였다. 코니 아주머니는 도전했고, 새로이 귀중한 경험을 한 것이다. 홀로 보내는 시간이 얼마나 가치 있는지 보여주는 사례는 또 있다.

"전 가족을 무척 사랑하지만 아이들이 시도 때도 없이 '엄마, 엄마!' 찾는 바람에 지칠 대로 지쳐있었어요. 참다못해 작년부터 일주일에 한 번은 혼자 나가서 아침을 먹기로 했죠. 목요일마다 아이들을 어린이집에 데려다주고 제가 제일 좋아하는 카페로 가요. 구석에 앉아 차를 마시고 책을 읽죠. 아무런 방해도 받지 않고 온전히 제 시간을 누리는 거예요! 누구와 말 한마디 나누고 싶은 생각도 없어요. 그 한 시간 반이 제가 책을 읽을 수 있는 유일한 시간이거든요. 아는 사람을 만날 때도 있어요. 하지만 그냥 목례만 하고 지나칩니다. 예전 같으면 사람들이 절 이상하게 볼까 봐 걱정했을 테지만, 이제는 90분의 달콤한 고독을 누릴 자격이 있다고 생각해요. 그 시간은 제게 정말 소중하니까요."

어째서 혼자 있다는 것이 변명하거나 사과하거나 숨겨야 할 일로 여겨지는 걸까? 참으로 이상한 사회이다.

– 앤 모로우 린드버그Anne Morrow Lindbergh(여류 비행사)

당신만 제외하고 모두들 서로 아는 사이인 상황이라면 어떻게 해야 할까? 다음 네 가지 단계를 밟는다면 부드럽게 그들에게 섞여 어울릴 수 있다.

1단계: 주변을 둘러보고 서로 어느 정도 거리를 유지하며 모여있는 사람들을 골라보자. 꼭 붙어 서서 친밀한 대화를 나누는 사람들은 방해받고 싶어 하지 않는 법이다.

2단계: 선택한 사람들 곁으로 다가가되, 팔을 뻗어야 닿을만한 거리를 유지하자. 전후좌우로 팔 하나 뻗을만한 거리는 각 개인의 사적인 공간이다. 이 공간을 갑자기 침범당하면 불쾌감을 느끼게 된다. 그렇게 접근한 상태에서 사람들의 대화에 귀를 기울여라.

3단계: 그러다 보면 말하는 사람이나 바로 옆에 있는 사람이 당신을 바라볼 것이다. 그때 "제가 이야기를 함께 들어도 될까요?"라고 물어보자. "제가 좀 끼어도 될까요?"라는 질문보다는 훨씬 공손한 요청이다. 나는 이야기를 함께 들어도 되겠느냐고 물었을 때 거부당한 적이 한 번도 없었다.

4단계: 대화에 끼고 싶다면 모든 사람이 한 번씩 말할 때까지 기다려라. 그리고 짧게 의견을 말한 후 다른 사람에게 다시 기회를 넘겨라. 이렇게 하다 보면 결국은 사람들에게서 편안하게 받아들여지게 된다.

만화가 맥스 비어봄Max Beerbohm 경은 "인간은 두 종류로 나뉜다. 주인이거나 혹은 손님이거나"라고 했다. 하지만 나는 우리가 반드시 주인이거나 손님이거나 둘 중 하나는 아니라고 생각한다. 둘 다가 될 수도 있기 때문이다. 미술관 안내 일을 하는 여성의 이야기를 들어보자.

"전 수줍음이 아주 많았어요. 늘 뒤에 처박혀 남들 이야기를 듣기만 하는 편이었지요. 그러다가 우연히 미술관에서 안내 일을 해달라는 부탁을 받았어요. 처음에는 생각만 해도 두려웠지만 미술을 좋아하는 마음 때문에 용기를 냈어요. 막상 설명을 시작하니까 다른 건 다 잊어버리게 되더군요. 작품 설명은 저에 대한 이야기가 아니잖아요? 저는 전달하는 사람일 뿐이죠. 중요한 건 관람객들이 정보를 얻고 즐기도록 하는 일이었어요. 그러다가 다른 모임도 마찬가지라는 걸 깨달았어요. 이제 저는 구석에 숨어있는 대신 어색하고 불편해하는 사람을 찾아 먼저 다가가서 함께 멋진 시간을 보낸답니다."

작가 프랭크 타이거Frank Tyger는 "미래를 좌우하는 요인은 여러 가지지만 자기 자신이 가장 큰 요인이다"라고 하였다. 이제부터는 원하는 것을 하고, 가고 싶은 곳에 가는 자신감을 가져보자. 함께 갈 사람이 있는지는 중요하지 않다.

홀로 움직이기 위한 행동 계획은?

존은 같은 직업에 종사하는 사람들이 모인 협회에 가입해 첫 모임에 참석했다.
자기를 제외한 모든 참석자가 서로 아는 사이인 것 같다. 어떻게 하면 좋을까?

방해가 되는 말과 행동	도움이 되는 말과 행동
후회한다. '그냥 오지 말걸 그랬어. 다들 서로 친해 보이는걸.''	용기를 낸다. '같은 일을 하는 사람들과 만나보고 싶었어. 좋은 기회야.'
이방인처럼 느낀다. '나 혼자 겉도는 느낌이야. 처음 온 사람은 나뿐인가 봐.'	도움을 청한다. '저 테이블의 빈자리에 앉아도 괜찮을지 물어봐야겠다.'
소외감을 느낀다. '나한테 인사해주는 사람이 아무도 없어.'	도움 줄 일을 찾는다. "주차권에 도장 찍는 일을 제가 좀 도와드릴까요?"
무력감에 빠진다. '정말 쌀쌀맞은 사람들이야. 두 번 다시 여기 오나 봐라.'	주최 측에 먼저 다가간다. "전 여기 처음 왔답니다. 제가 어디 앉으면 좋을지 좀 알려주시겠어요?"
외로움을 느낀다. '아무도 모르니 아무런 재미가 없어.'	외로움을 즐긴다. '식사가 훌륭하군. 다음 프로그램은 어떨지 기대가 되는데.'

나 스스로 만든 '오늘의 과제'

오늘부터 나는 _____ 할 것이다.

날짜_____ 서명_____

내성적인 당신을 '윤리적으로' 홍보하는 방법

:: 오늘을 위한 한마디

결국 우리 모두는 자신을 파는 기업인이다. - 무명 씨

당신은 역할 모델을 어떻게 선택하고, 또 그와 어떻게 관계를 맺을 것인가? 당신의 직장 생활에 결정권을 행사하는 인물과 어떻게 접촉해 친한 사이가 될 것인가? 잠재 고객이나 고용주에게 어떻게 봉사할 것인가? 당신이 몸담고 있는 분야의 지도 인사들에게 어떻게 자신을 보이고 알리고 존중받을 것인가? 당신의 상황을 점검하고 세 가지 이상의 전략을 세워보라. 직장 생활의 성공은 결국 당신 자신에게 달려있다.

게임을 할 작정이라면 규칙을 잘 아는 편이 유리하다.

－ 바버라 존슨Babara Johnson(문학 평론가)

　당신의 직장 생활은 어떤가. 성공적인가? 주변의 인정과 적절한 보상을 받고 있는가? 맡은 일에 자신이 있는가?

　대화 능력에 대해 한참 이야기가 진행되고 있을 때 한 워크숍 참석자가 전반적인 사회생활뿐 아니라 직장이나 비즈니스 현장에서 부딪칠 수 있는 상황에 대해서도 다뤄달라고 부탁했다. 그가 털어놓은 고민은 이렇다. "고객 대부분을 제가 끌어오다시피 하는데도 평소 사장과 가까이 지내는 동료가 승진을 했습니다. 능력보다는 친분이 먼저인 건가요?"

　그렇다. 주변을 둘러보면 능력이 뛰어나지만 상사의 호감을 사지 못해 직장 생활이 어려운 사람들이 있다. 프로젝트를 제시간에 끝내기 위해 야근을 하며 고생한 사람보다 상사와 함께 골프 치러 다닌 사람이 먼저 승진하기도 하고, 당연히 내 것이라 여겼던 직위를 어느 날 홀연히 나타난 상사의 대학 동창이 빼앗아가기도 한다. 게다가 그런 불공평한 상황에 대해 한마디 항의도 못 하는 경우가 대부분이다.

상대가 원하는 것을 더 많이 줄수록 당신이 원하는 것도 더 많이 받게 된다. – 지그 지글러Zig Ziglar(대중연설가)

현실을 직시하자. 재능과 근면만으로는 충분치 않다. 좋든 싫든 암묵적인 규칙을 받아들여야 할 때가 있다. 사람들은 자기가 알고, 좋아하고, 믿는 사람과 함께 일하고 싶어 한다.

자, 그렇다면 생각해보자. 당신의 승진, 고용, 수주를 결정하는 사람이 당신의 존재를 알고 있는가? 더 나아가 그는 당신을 좋아하고 존중하고 있는가? 그게 아니라면 당신에게는 상대의 관심을 끄는 전략이 필요하다. 자신감이 있는 사람은 혼자 구석에 처박혀 투덜거리기만 하지 않는다. 이제 남의 손에서 우리의 직업적 성공이 어떻게 좌우되는지 맥없이 지켜보는 대신, 용기 있게 나서서 외교적으로 우리 자신을 부각시켜야 한다.

이 대목에서 반감을 가질 사람이 많을 것이다. "어째서 그렇게 해야 하는 거죠? 실적이 능력을 말해줄 텐데요", 혹은 "속에 있는 인간의 내면은 안 보고 겉만 보는 세태에 맞춰가기는 싫어요. 그런 게임은 하지 않겠어요." 당신도 이렇게 말하고 싶을지 모르겠다.

하지만 가만히 생각해보자. 당신 역시 함께 공부했던 동창생, 모임에서 친해진 사람, 열성적으로 자기 능력을 보여준 사람에게 일을 맡기고 있지는 않은가? 자신 있게, 열성적으로 자신을 홍보하는 사람이 결국 세상을 움직인다. 그렇다면 이제 어떻게 잠재 고객이나 고용주에게 나를 '윤리적으로' 홍보할 것인가를 고민할 때가 아닐까?

우선은 판매하지 않고 봉사함으로써 '윤리적인' 홍보를 할 수 있을 것이다. 사람들은 대체로 판매자와 상대하기를 싫어한다. 때문에 나를, 내 제품을 사라고 밀어붙이는 것은 비생산적이다. 물론 그렇다고 당신더러 아첨과 아부의 달인이 되라는 뜻은 아니다. 다만 현재의 상사 혹은 잠재적 고용주에게 우리가 무엇을 줄 수 있는지 보여주면 충분하다. 이때 자칫 압박으로 비치지 않도록 조심해야 한다. 이제 그 구체적인 방법을 알아보자.

값진 순간에 대한 최고의 답례는 충분히 즐기는 것이다.

– 리처드 바크Richard Bach(작가)

고용 기회가 축소되는 이런 시대에 직업 안정성은 간혹 누구의 도움을 받을 수 있는가에 좌우되기도 한다. 당신보다 몇 단계 위에 있으면서 모두의 존경을 받는 사람을 선택하자. 훗날 당신이 그런 모습이 되었으면 하는 사람, 인생 5~10년 정도의 선배는 어떨까?

한 워크숍 참석자는 걱정부터 늘어진다. "그런 분에게 다가가기가 겁이 나요. 저한테 시간을 나눠줄 리가 있나요? 저는 줄 것이 하나도 없는데요." 물론 나는 아무것도 주지 않고 상대에게만 시간을 내달라고 하는 것은 공정하지 않아 보인다. 그렇다면 이렇게 생각해보는 게 어떨까. '나는 지금 선배가 후배들에게 지식과 경험을 나눠줄 멋진 기회를 선사하고 있다.' 불편한 마음이 조금은 가시지 않을까?

전화나 이메일, 편지 등을 통해 존경하는 인물과 접촉할 때 반드시 처음에는 '바쁘신 줄 알지만……'으로 시작해야 한다. 상대가 얼마나 바쁜지 잘 알고 있다는 것, 그럼에도 불구하고 시간을 할애해주어 정말 고마워한다는 마음이 전달되도록 하는 것이다. 정확히 얼마만큼 시간을 내주면 좋을지 밝히는 것도 도움이 된다. '15분만 내주시면 제가 몇 가지 여쭤보고 싶습니다'라든가 '점심시간에 잠깐 뵙고 조언을 구하고 싶습니다. 식사는 제가 대접하겠습니다'라는 식으로 청해보는 것이다.

상대가 호의를 베풀어 만나주었다면 그 시간 동안에는 입을 다물고 귀를 기울이도록 하라. 입이 열려있는 동안에는 아무것도 배울 수 없는 법이다. 미리 핵심적인 질문을 준비해 짧게 묻고, 상대의 말에 귀를 기울이면서 메모하라.

만나고 난 후에는 감사 인사를 잊지 말아야 한다. 상대의 조언을 받아들인 덕분에 내가 어떻게 바뀌었는지, 어떤 행동을 했는지 알려주며 만남을 정리하는 것이다. 가능하다면 손편지를 써보는 건 어떨까. 전화나 말로 하는 인사도 좋지만 손으로 정성스레 쓴 편지에는 비할 수가 없다.

미래를 보장하는 가장 확실한 방법은 현재를 용감하고 건설적으로 사는 것이다. - 롤로 메이Rollo May(심리학자)

직장 생활에서 성공하는 비결 중 하나는 의사결정자에게 당신이 직접 행동하는 모습을 보여주며 호감을 얻는 것이다. 워크숍 참석자들과 여러 차례 토론한 결과, 지도 인사들이 많이 포함된 기업인 협회, 산업 협회 등에 참여하는 것이 좋은 방법이라는 의견이 나왔다. 가령 은행원이라면 은행가 협회, 인사과 직원이라면 인사 관리자 협회에 가입하는 것이다.

물론 가입하는 것으로 끝은 아니다. 내 쪽에서 먼저 무언가 투입하지 않는다면 거기서 얻어낼 것은 없기 때문이다. 협회가 시간과 돈을 충분히 투자할 대상이 될지, 시간과 돈을 낭비하는 곳이 될지는 우리 자신에게 달려있다. 협회는 업계 사람들을 만나고 전문성을 키우며 지도 인사들과 접촉할 기회를 제공할 뿐이다. 회비를 내고 모임에 나가는 것만으로 기적이 일어나지는 않는다. 가능한 한 많은 사람들이 내 존재를 보고, 알고, 존중하도록 행동해야 한다.

협회에서 총무 역할을 담당할 사람이 필요하다면 자원해보라. 그러면 시장, 신문사 편집장, 기업 최고 경영자들과 직접 통화할 기회가 생긴다. 물론 상대는 당신이 아니라 당신 직책을 볼 것이다. 하지만 깔끔하게 일을 잘 해낸다면 좋은 인상을 남기게 되고, 이는 그대로 미래의 취업과 연결될 수 있다.

총무 역할까지는 부담스럽다고? 그렇다면 소식지의 회원 동정란을 맡겠다고 자원하면 어떨까? 승진이나 수상, 전보, 애경사 소식을 정리하는 일이니 헤밍웨이 같은 문장력은 필요 없다. 한 달에 세 시간 정도 할애해 회원들에게 전화를 걸고 소식을 모아 정리하면 된다.

행사가 있을 때 접수대를 맡거나 안내 역할을 하는 것도 좋다. 다정한 미소를 지으며 참석자들을 맞이하는 것만으로도 눈에 띌 기회를 잡은 셈이다.

예의를 갖출 시간이 없을 정도로 인생이 짧지는 않다.

– 랄프 왈도 에머슨(시인)

예의 바른 사람이 되기 위해서 필요한 것은 5분의 시간, 그리고 우표 값이다. 오늘부터 매일 짧은 감사 편지를 쓰겠다고 결심해보는 것은 어떨까.

안 그래도 바쁜 일상에서 5분을 빼는 것이 얼마나 부담스러울지는 나도 잘 안다. 하지만 감사의 마음을 글로 옮기는 행동은 시인 오든 Auden이 말한 바와 같이 '삶에서 가장 빛나는 고귀한 행동'이다. 직장에서 누군가에게 호의를 받았다면 그 관심과 조언, 베풀었던 시간에 대해 반드시 감사 인사를 전하도록 하자. 이는 관계를 유지하는 동시에 긍정적인 인상을 강화하는 최고의 방법이다.

명함은 상대가 달라고 하기 전에는 주지 않는 것이 좋다. 왜냐고? 의례적으로 명함을 건네는 행동은 도리어 상대와 나눈 즐거운 시간에 먹칠을 할 수 있기 때문이다. 상대는 자신이 이용당했다고 느낄 수 있다. 자기 지갑의 돈을 노리면서 당신이 미소 짓고 대화를 나누었다고 생각할 수도 있는 것이다.

상대의 명함을 요청할 때에도 자료를 보내주기 위해, 혹은 정보를 제공하기 위해서라는 조건을 달아 안심시키는 것이 좋다. 그러므로 자료를 보낼 때에는 명함을 함께 넣되, 선전하는 말은 덧붙이지 말아야 한다. 섣불리 광고를 하려 든다면 관계 전체가 깨지게 된다. 즐거운 만남에 감사한다는 정도의 인사말이면 충분하다. 적어도 상대는 당신이 누구인지, 무슨 일을 하는지 알게 되었으니 말이다. 필요하다면 편안한 마음으로 당신의 고객이 되어줄 것이다.

"능력과 성취를 과시하는 것보다는 작은 친절과 배려가 더 가까이 다가간다"라는 말을 실제로 보여준 인테리어 디자이너의 경험을 들어보자.

"저는 우표 한 장으로 커다란 계약을 따냈답니다. 건물 로비 리모델링을 수주하기 위해 저를 포함해 모두 네 개 회사가 치열하게 경쟁했지요. 다른 회사들은 경험도 많고 평판도 좋았지만 저는 2년밖에 안된 신출내기였습니다. 계약하자는 연락을 받았을 때 꿈인가 생신가 했답니다. 일을 끝내고 궁금증을 참지 못해 왜 저를 선택했느냐고 물어보았지요. 그랬더니 감사 편지 때문이었다고 하지 뭐예요? 경쟁사 모두 비슷한 예산에 비슷한 설계를 제안했고, 누굴 선택해야 할지 고민하고 있을 때 제 편지가 도착했던 모양이에요."

감사 편지가 꼭 공식적일 필요는 없다. 상대의 호의에 감사하는 짤막한 메모나 메일로도 충분하다. 효과는 공식적인 감사 편지 못지않을 것이다. 호의를 기억하는 당신의 마음은 상대방에게 깊은 인상을 남긴다. 물론 보상을 바라고 감사 편지를 써서는 안 된다. 보상을 받았다면 그것은 보너스일 뿐이다.

비즈니스에서 성공하기 위한 행동 계획은?

스탠리는 세차 사업을 한다. 직접 세차하기 싫어하는 사람들을 위해 매주, 혹은 격주로 고객을 방문해 서비스를 제공하는 것이다. 현재 그는 단골 고객을 좀 더 확보해야 할 입장이다.

방해가 되는 말과 행동	도움이 되는 말과 행동
현재 상황을 패배로 여긴다. '난 이보다는 훨씬 더 많은 돈을 벌어야 했어.'	현재 상황에 책임을 진다. '기업인 협회에 가입해야겠다. 그럼 더 많은 고객을 확보할 수 있을 거야.'
압박감을 느낀다. '협회 모임에 참석해 모든 사람에게 명함을 돌려야겠어.'	부담을 주지 않으면서 접근한다. '모임에 가서 내가 뭐 도울 일이 없는지 알아봐야겠다.'
무조건적인 마케팅을 한다. '뒤쪽 테이블에는 광고 전단지를 슬쩍 놓고 와야겠는걸.'	서비스를 제공한다. "제가 접수나 테이블 정리 일을 좀 도와드릴까요?"
모임에만 참석한다. '이런 모임은 시간 낭비야. 새 고객은 단 한 명도 만들지 못했는걸.'	주최 측의 활동에 참여한다. "그럼요, 얼마든지 도와드릴 수 있습니다."
위원이면서도 적극적으로 참여하지 않는다. '진행이 엉망이군. 아무도 관심 없어 할 프로그램만 만들어놓았잖아.'	위원으로서 적극적으로 참여한다. "청중들이 좋아할만한 연사를 제가 좀 섭외할까요?"
명함을 마구 뿌린다. "제 연락처입니다. 세차를 원하시면 전화하십시오."	정중하게 명함을 요청한다. "명함을 주시면 관심 있으신 자동차 리스 관련 자료를 보내드리겠습니다."

나 스스로 만든 '오늘의 과제'

오늘부터 나는 _____ 할 것이다.

날짜_____ 서명_____

자신감의 핵심은 무엇일까

:: 오늘을 위한 한마디

어느 의사도 진정한 친구처럼 우리를 치료하지는 못한다. – 무명 씨

최근 연락이 뜸한 사람은 누구인가? 곧 만나자고 약속했던 사람은 누구인가? 당신을 지원해주는 모임이 있는가? 당신이 좋아하는 것 혹은 싫어하는 것을 공감해주는 공동체가 있는가? 유명 여배우 주디 갈랜드Judy Garland는 팬들의 사랑 속에서도 왜 이렇게 외로운지 모르겠다며 한탄했다. 외로움은 스스로 만들어내는 상태임을 몰랐던 것이다. 오늘 당신이 해야 할 과제는 당장 전화기를 들고 지금은 멀어진 옛 친구의 번호를 누르는 것이다. 아니면 펜을 들고 오래 미뤄왔던 편지를 써보자. 그렇게 먼저 연락한 것을 후회할 일은 없다. 연락하지 않으면 결국 남는 건 후회뿐이겠지만.

우리는 모두 세상이라는 황야를 떠도는 여행자이다. 여행의 핵심은 진정한 친구이다. 여러 친구를 만난 사람은 행복한 보상을 받는 셈이다. - 로버트 루이스 스티븐슨Robert Louis Stevenson(작가)

당신은 당신의 여행길에서 친구를 찾았는가? 혹시 다른 일로 소홀히 하다가 친구를 잃어버리지는 않았는가? 철학자 키에르케고르Kierkegaard는 "인간을 사랑하는 것은 삶에서 유일하게 가치 있는 일이다. 사랑이 없다면 진정으로 사는 것이 아니다"라고 하였다. 친구와 가족을 만나지 못할 정도로 바쁘다면 그건 아무 소용없이 바쁜 셈이다.

지금은 당신 삶에서 중요한 사람들과 연락할 때이다. 학창 시절의 기숙사 룸메이트와 예전에 살던 동네 이웃, 즐거운 추억을 공유했던 낚시 친구와 다시 인연을 이어야 할 때이다. 내가 소속된 마우이 작가회의 운영진은 전국 회의를 준비하면서 서로 사이가 돈독해졌다. 성공적으로 행사를 마친 후 우리는 곧 만나자고 했다. 한두 명과 마주칠 때마다 '시간이 날 때' 어서 모임을 갖자고 했다. 하지만 시간이 날 때는 절대 없었다. 결국 우리는 매달 첫 번째 월요일에는 반드시 모여 독서 토론을 하기로 결정했다.

첫 번째 모임 날이 되었을 때 취소해야 할 상황이 수없이 생겨났지만 우리는 모임을 강행했다. 무릇 시간이 없을 때야말로 쉬어야 할 시간이기 때문이다. 당장이라도 전화를 걸어 "이번에는 미안하지만 참석하기 어렵겠어"라고 말하고 싶을 때, 우리는 '한 달에 단 두 시간도 친구들에게 할애할 수 없나?'라고 자문하기로 했다. 그러면 대부분의 경우 서로에게 시간을 내주게 되었다.

신경 쇠약의 증세 중 하나는 자기 일이 엄청나게 중요하다고 믿는 것이다. – 버트런드 러셀(철학자)

혹시 이런 생각이 들지도 모르겠다. '당신은 프리랜서로 일을 하니 그렇게 말할 수 있겠지요. 원한다면 오전 중에도 시간을 낼 수 있으니까요. 하지만 직장인은 상황이 다르다고요.'

그렇다면 생각해보자. 당신 역시 자녀를 치과에 데리고 가야 할 때는 시간을 내지 않는가? 세차할 시간도 내고, 영화 볼 시간도 내지 않는가? 한 달에 한 번, 친구와 만나는 두 시간이 그보다 덜 중요한가? 친구들과 만날 약속을 하고 무슨 일이 있든 약속을 지키겠다고 결심해보자. 그 약속이 다른 일 열두 가지와 맞먹을 만큼 중요하다고 생각하는 것이다.

"흥, 팔자 편한 소리 하시는군요. 친구 만나는 일은 저한테 제일 마지막 순서가 될 수밖에 없어요"라고 곧바로 말하고 싶은지도 모르겠다. 그렇다면 당신의 생각을 바로잡아야 한다. '이렇게 정신없이 바쁘지 않을 때나 친구들을 만날 수 있어'라고 생각하는 대신, '정신없이 바쁜 데서 좀 벗어나려면 친구들을 만나야겠다'라고 말이다.

우리 삶의 균형은 더 오래, 더 열심히 일하는 것으로는 결코 이룰 수 없다. 때문에 좋아하는 사람들과 만나 영혼을 고양시키는 것이 중요하다. 과도한 업무에 시달릴 때 우리 자신의 영혼은 흔히 소외되고 만다. 여기서 벗어나려면 친구들에게 적극적으로 손을 뻗으며 다가가야 한다.

짧은 인생을 사는 우리에게 가장 가치 있는 것은 우정이다. 그런데도 우리는 우정이 길가의 풀처럼 저절로 자라겠거니 하며 방치하곤 한다.

– 윌리엄 제임스William James(심리학자)

한 세미나 참석자가 이런 고민을 털어놓았다. "저도 친구들과 계속 만나면서 우정을 돈독히 하고 싶어요. 하지만 많은 친구들이 일과 가족에게서 헤어나지 못한답니다. 저는 상대적으로 아이들을 빨리 독립시킨 편이거든요. 친구들한테 전화를 걸면 하나같이 마음은 굴뚝같은데 도저히 틈을 못 낸다고들 하죠. 그럼 제가 부담을 준 것 같아 오히려 미안해져요."

실제로 이런 상황은 적잖이 벌어지는 편이다. 친구와 시간을 보내는 것은 꼭 해야 하는 일이 다 끝난 다음에야 가능하다고 생각하는 사람들이 훨씬 더 많기 때문이다. 이럴 때는 나와 친구, 둘 다에게 도움이 되는 활동을 제안해보는 것이 어떨까? 그냥 만나서 이야기를 나누는 데 그치지 않고 시간을 쪼개서라도 할 필요가 있는 활동을 끼워 넣는 것이다.

앞서 소개한 참석자는 친구에게 에어로빅을 함께 다니자고 제안했다. 이른 아침에 함께 운동을 시작한 것이다. 참석자는 새벽에 친구 집에 차로 데리러 가고 에어로빅이 끝나면 태워다 주기로 했다. 반년쯤 지나자 살도 빠졌고, 우정도 더 돈독해졌다고 한다.

공동체가 없다면 평화도, 더 나아가 삶도 없으리라.

– 스콧 펙M. Scott Peck(심리학자)

워크숍 도중 친구 관계를 적극적으로 유지해야 한다는 이야기가 나오자 한 남성은 "전 관계를 유지할 친구가 없어요. 반년 전에 이사 왔지만 아직 한 명도 사귀지 못했거든요"라고 말했다. 이런 경우에는 자기와 맞는 사람을 찾아보는 것이 필요하다. 우리는 흔히 자기와 비슷한 사람을 좋아하는 경향이 있다. 그래서 비슷하지 않은 사람들 틈에 있으면 겉도는 느낌을 받게 된다.

그러므로 친구가 없다면 혹시 자신이 맞지 않는 곳에서 맞지 않는 사람들과 있는 것은 아닌지 생각해볼 필요가 있다. 물론 나한테 문제가 있을 가능성도 있다. 나와 성격이나 성향이 비슷한 사람을 찾아보

자. 관심사를 공유할 수 있는 무리를 찾으면 된다. 제대로 찾았다면 편안한 느낌이 들 것이다.

친구가 없다는 한 워크숍 참석자에게 취미가 무엇인지 물었더니 자동차를 좋아한다고 했다. 나는 아마추어 자동차 경주 클럽에 가보라고 조언했다. 직접 경주에 참여하지 않는다 해도 행사 진행을 도울 수 있을 것 같았다. 몇 달 후 그는 다음과 같은 소식을 전했다. "덕분에 마침내 친구들을 만났습니다. 같은 관심사를 가진 사람들이죠. 자동차 이야기만 끝없이 늘어놓아도 다들 맞장구를 쳐줍니다. 이 클럽은 이제 제 집이나 다름없습니다."

때로는 관심사를 공유하는 공동체 대신 싫어하는 대상을 공유하는 공동체를 찾는 편이 더 도움이 될 수도 있다. 내가 아는 사람 중에 광장 공포증으로 오랫동안 고생하던 기업인이 있었다. 광장 공포증이란 낯선 사람들 틈에서 심리적, 신체적 이상 증세를 나타내는 것으로, 그는 매일 아침 집에서 나오려면 갖은 애를 써야 했다.

"광장 공포증 환자들을 후원하는 모임에 나가면서 제 삶은 크게 바뀌었습니다. 저만 그런 사람이 아니라는 걸 깨닫고 얼마나 안심했는지 모릅니다. 집 밖에 나가기 위해 용기를 짜내면서 저는 늘 스스로를 바보천치라고 생각했거든요. 이불 속에서 영원히 나오기 싫은 마음과 죽을힘을 다해 싸워야 했죠. 하지만 그런 경험을 한 사람들이 저 말고도 많더군요. 저도 그들처럼 이겨내야겠다고 결심했습니다."

지금 당신 혼자만 어려움에 빠져있다고 생각하는가? 주위를 둘러보자. 암 환자 모임, 알코올 중독자 부모를 둔 자녀를 위한 모임, 학대당하는 여성을 위한 모임 등 무수히 많은 후원 공동체가 있다. 이런 모임을 통해 함께 어려움을 헤쳐나갈 수 있다.

주고받는 연락은 관계가 숨쉬기 위한 공기이다.

— 버지니아 사티어(심리치료사)

신발을 사러 갔다가 20대 점원 안젤라와 이야기를 나누게 되었다. 본사 지침 때문에 반년마다 지점을 옮겨 다니며 근무해야 하는 상황이라면서, 안젤라는 가족과 고향을 그리워했다.

나는 적극적으로 연락을 주고받는 것이 중요하다고 말해주었다. 사랑하는 사람들이 가까이 없다면 메일이라도 쓰고 전화를 해야 한다고 조언했다. 메일이나 메시지를 보내면 답장이 올 것이고, 그리운 마음이 조금이나마 달래질 것이라고. 안젤라는 "아침 8시부터 저녁 8시까지 일을 하는걸요. 따로 연락할 시간이 없어요"라고 대답했다. 이에 나는 "하루에 10분만 내면 돼요. 그 시간이 없지는 않겠지요? 앞으로 2주일 동안 하루에 한 사람에게 먼저 짧은 메시지를 보내봐요. 그리고 어떻게 되는지 보자고요"라고 다시 권했다.

한 달 뒤 나는 안젤라에게서 연락을 받았다. 그녀는 나와 약속한 대로 가족들에게, 친척에게, 고등학교 동창들에게, 전 직장 동료에게 메시지도 보내고 전화도 걸었다고 했다. 그리고 지금은 매일 한 사람 이상과 연락을 주고받는다고 알려왔다. 더 이상 자신이 '눈에서 멀어져 마음에서도 멀어진' 존재가 아니라는 것이다. 그녀는 연락을 주고받으면서 자기가 사랑하는 사람들, 또 자기를 사랑하는 사람들을 계속 생각한다고 했다.

이것이 자신감과 무슨 관계가 있는지 궁금한가? 언론인 랜돌프 본이 한 말을 떠올려보자. "양분을 얻고 생존하기 위해 물과 음식이 필요하듯, 우리에게는 친구가 필요하다." 우정과 사랑으로 자신을 살찌우면 자신과 자신의 삶을 더욱 사랑하게 된다. 그리고 이것이 바로 자신감의 핵심이다.

친구를 사귀고 유지하고 싶다면?

안드레아는 같은 직종에 종사하는 여성 협회에 참가하다가 출산 때문에 연락이 끊어졌다. 친구들이 그립지만 직장 일이며 육아 때문에 좀처럼 시간을 낼 수가 없다. 물론 그녀도 조금 한가해지면 다시 우정을 돈독히 할 수 있을 것으로 기대하고 있다.

방해가 되는 말과 행동	도움이 되는 말과 행동
친구를 잃어버린다. '집 밖의 일에 참여할 시간은 조금도 없어.'	친구를 유지한다. '한 달에 세 시간만 내서 협회 모임에 참석해야겠다.'
인간관계는 시간 날 때 누리는 사치품으로 여긴다. '정신없는 시절이 지나가고 나면 다시 친구들과 잘 지내야지.'	인간관계는 늘 유지해야 하는 핵심 요소라고 여긴다. '친구들과 어울리다 보면 이 정신없는 상황이 좀 나아질 거야.'
부담을 줄까 봐 걱정한다. '만나자는 말을 못 하겠어. 그 친구는 늘 할 일이 많은걸.'	가치를 부가하려 한다. '협회 모임에 차를 태워줄 사람이 필요한지 물어봐야지.'
관심사를 공유할 사람을 찾지 못한다. '이웃 사람들은 매일 연속극 얘기만 하는걸.'	같은 관심사를 가진 사람을 찾아낸다. '캐롤에게 전화해서 그 세미나에 갈 생각이 있는지 물어봐야지.'
혼자만 어려움에 빠져있다고 생각한다. '이 상황을 넘길 수 있을지 모르겠어. 늪에 빠진 느낌이야.'	같은 상황에 놓인 사람들을 찾아낸다. '남들도 나 같은 문제를 느끼고 괴로워한다니 안심이 되는걸.'

나 스스로 만든 '오늘의 과제'

오늘부터 나는 _____ 할 것이다.

날짜_____ 서명_____

What's Holding You Back?

4부

믿는 대로 이루어진다

능력Competence, 당신이 할 수 있는 것

누구에게든 삶은 쉽지 않다. 그럼 어떻게 해야 할까?
인내심, 그리고 무엇보다도 자기 확신이 필요하다.
자신이 가진 능력을 믿고 어떤 대가를 치르든
목표를 달성할 수 있다고 믿어야 한다.
– 마리 퀴리Marie Curie(과학자)

Day
14

당신이 잘하는 것과
꼭 해보고 싶은 것

이미 익숙하고 잘하는 것을 넘어선 무언가를 시도하지 않는다면 성장은 없다. – 무명 씨

오늘의 과제는 당신이 이미 익숙하고 잘하는 것을 넘어서 다른 무언가를 시도 하는 것이다. 어떤 능력을 통해 재능을 증명하면 좋을까? 잊고 있던, 혹은 엄 두를 내지 못했던 취미는 무엇인가? 무언가에 능숙해지려면 지금부터 설명할 세 가지 단계를 꾸준히 밟아가야 한다는 점도 기억하라.

만화 《피너츠The Peanuts》를 그린 작가 찰스 슐츠Charles Schulz는 "삶은 10단 계 기어 자전거와 같다. 우리 대부분은 서너 개의 기어를 사용하는 데 그친다" 라고 하였다. 당신은 어떤 기어를 새로 사용해보겠는가?

가진 재능을 사용하지 않는 사람은 실패한다. 가진 재능을 반만 사용하면 절반만큼 실패한다. 가진 재능을 다 사용하는 법을 아는 사람만이 크게 성공하고 만족하며 승리한다. – 토머스 울프Thomas Wolfe(작가)

당신의 재능은 무엇인가? 당신이 잘하는 일은? 당신은 재능을 충분히 사용하고 있는가? 워크숍에서 참석자들에게 이런 질문을 던지면 자신에게는 별 재능이 없다는 대답이 자주 나온다. 능력은 자신감과 동의어나 다름없다. 자신이 아무것도 제대로 할 줄 모른다고 느끼는데 어떻게 자신감이 생기겠는가?

한 여성은 "제가 바로 그래요. 잘하는 게 하나도 없는걸요. 저만 빼고 다른 사람들은 모두 능력이 넘치는 것 같아요"라고 수줍게 말했다. 나는 그녀에게 그렇다면 좋아하는 일이 무엇이냐고 물었다. 바느질을 좋아한다고 했다. 그때 자신이 입고 있던 옷을 비롯해 대부분의 옷을 직접 만든다는 것이었다. 여기저기서 감탄하는 소리가 튀어나왔다. 옷 수선도 할 수 있느냐고 물었더니, "그거야 별것 아니지요. 전 평생 바느질을 해온 셈이거든요"라는 대답이 나왔다.

몇 달 뒤 그녀는 새로운 소식을 전했다. "바느질은 제 삶의 일부였다시피 했기 때문에 제가 그 가치를 제대로 몰랐던 것 같아요. 워크숍이 끝난 후 세 사람이나 제게 옷 수선을 부탁했다는 걸 아세요? 제가 수선을 끝내자 무척 만족스러워하면서 친구들의 일도 소개해줬어요. 그래서 전 지금 수선 가게를 열고 사업을 시작했답니다."

당신도 혹시 이 여성과 비슷한 상황은 아닌가? 자신이 갖고 있는 능력을 그저 당연하게 여긴 나머지 능력으로조차 보지 않는 것은 아닌가?

좋은 취미를 가진 사람은 오래 외로움을 느끼지 않는다.

— 베란 울프Beran Wolfe(정신과 의사)

당신은 어떤 활동에 관심이 있는가? 어떤 취미를 갖고 싶은가? 정신과 의사인 토머스 사즈Thomas Szasz는 "사람들은 자아를 찾지 못했다는 이야기를 흔히 합니다. 하지만 자아는 찾는 것이 아닙니다. 만들어가야 하는 것입니다"라고 하였다. 자신이 잘하는 것을 찾고 거기에 시간을 쏟는 것은 자신감을 키우는 유용한 방법이다. 그림을 좋아했던 한 여성의 경험담을 들어보자.

"고등학교 때 미술 선생님이 아주 좋은 분이었어요. 매주 학교 근처로 나가 그림을 그렸지요. 강아지, 아이들, 집, 나무 등 눈에 들어오는 걸 다 그렸어요. 한 달에 한 번은 선생님과 함께 미술관에 가서 그림을 감상하기도 했고요. 어느 날 선생님은 제가 그리는 그림을 보면서 재능을 타고났다고 칭찬해주셨어요. 저는 집에 가자마자 신이 나서 그 이야기를 했지요. 하지만 엄마는 '그림을 그리는 일로는 먹고 살 수 없어. 그림이 좋다면 페인트칠이나 배우려무나'라고 할 뿐이었답니다."

그녀는 크게 상처를 받았다. 엄마의 말은 그녀가 좋아하던 일을 아무 의미 없는 짓으로 만들어버렸다. 결국 이 여성은 고등학교 이후 두 번 다시 그림을 그리지 않았지만, 워크숍에 참석하면서 변화가 일어났다. 예전에 어떤 활동을 하면서 가장 즐거웠는지 떠올려보라고 했을 때 미술 시간을 생각했고, 당장 미술 강좌에 등록한 것이다.

"그림을 다시 시작한 것은 정말 옳은 결정이었어요. 새로 만난 선생님도 고등학교 때 선생님처럼 좋은 분이죠. 그림을 그리고 있을 때면 저는 모든 슬픔과 외로움을 잊어버려요. 이제는 어딜 가든 스케치북을 들고 다니면서 지나가는 사람이며 풍경을 그린답니다. 손에 연필을 잡을 수 있는 한 이제 두 번 다시 그림을 그만두지 않을 작정이에요."

계속 집중하는 것, 그것이 바로 천재성이다.

— 클로드 엘베시우스Claude Helvétius(철학자)

나 역시 엘베시우스의 말에 동의한다. 계속 집중하고 관심을 잃지 않으면 어느 경지에 도달하기 마련이다. 어느 잡지와 인터뷰를 하면서 나는 어떻게 자신감 넘치는 사람이 되었느냐는 질문을 받은 적이 있다. 나는 기억을 더듬어 처음으로 내게 자신감을 준 것이 무엇인지 생각해보았다. 그것은 승마였다.

내가 겨우 다섯 살일 때 부모님은 말을 한 마리 샀다. 우리 남매는 자주 그 말을 타고 놀았다. 온순한 말 덕분에 나는 승마를 두려워하지 않게 되었다. 어떤 말이든 탈 수 있다고 믿은 것이다. 지금 생각하면 다섯 살밖에 안 된 꼬마가 어떻게 그 커다란 동물을 다루었는지 모르겠다. 어쨌거나 내가 시키는 대로 가고, 서고, 또 달리는 말을 보면서 나는 자신감을 가질 수 있었다.

당신도 어린 시절에 이런 경험이 있는가? 없다 해도 상관없다. 지금도 늦은 것은 아니니까. 어른이 된 지금은 마음에 드는 활동을 선택할 자유까지 있으니 금상첨화이다.

항구에 있는 배는 안전하다. 하지만 항구에 얌전히 묶여있으라고 배를 만든 것은 아니다. - 무명 씨

이번에는 회사 볼링 동호회에 들어간 여성의 이야기를 들어보자. "매주 한 번씩 모여 볼링 시합을 한다고 하더군요. 동료들도 사귀고 취미 생활도 할 수 있으니 일석이조라는 생각이 들었어요. 하지만 첫날부터 곤란한 상황에 빠졌지요. 제가 낀 팀은 저 때문에 계속 시합에 지고 말았거든요. 이런 식이라면 친구를 사귀기는커녕 미움만 살 것 같아요!"

나는 능력을 익히는 데 단계가 필요하다고, 급하게 마음먹지 말라고 조언해주었다. 바로 의혹의 단계, 안정화의 단계, 내 몸처럼 익은 단계이다.

의혹의 단계에서는 모든 것이 불안하다. 제대로 하고 있다는 확신이 생기지 않고 어처구니없을 정도로 서투르다. 그만두고 싶은 생각이 굴뚝같지만 거기서 그만두면 절대 능력을 익힐 수 없다. 두 번째 안정화의 단계에 오면 목표를 절반은 달성한 셈이다. 진보했다는 데서 위로를 얻을 수는 있지만, 여전히 기본기를 연습해야 한다. 마지막으로 내 몸처럼 익은 단계가 되면 의식하지 않아도 몸이 움직인다. 그냥 하면 되는 것이다.

새로운 능력을 익힐 때에는 포기하지 않고 끊임없이 시도하는 것이 중요하다. 갑자기 볼링을 잘 치게 될 거라는 기대는 비현실적이다. 하지만 그렇다고 포기할 필요는 없다.

당신이 이 여성 같은 상황에 놓여있다면 동료들에게 초보라는 걸 이야기하고 양해를 구하라. 함께 해주어서 고맙다는 인사를 하고 도움을 요청하라. 취미 활동을 하면서 저지르는 실수에 너무 심각하게 반응할 필요는 없다. 어처구니없는 실수가 나왔다면 남들이 웃기 전에 내가 먼저 웃어버리는 것은 어떨까?

당신의 재능을 키우기 위한 행동 계획은?

간호사인 로라는 어린 시절에 발레를 했다. 최근 다시 운동을 시작하기로 다짐했지만 전처럼 발레를 할 수 있을지 의문스럽다.

방해가 되는 말과 행동	도움이 되는 말과 행동
잘할 수 없다고 생각한다. '지금 내가 발레를 하면 난쟁이가 춤추는 꼴로 보일 텐데.'	할 수 있다고 생각한다. '조금만 연습하면 다시 그 시절처럼 할 수 있을 거야.'
자아를 발견하려 한다. '난 잘하는 게 하나도 없어. 그러니 늘 일에만 쫓겨서 사는 거야.'	자아를 만들어가려 한다. '다시 춤을 춰야지. 발레를 할 때는 늘 기분이 좋았잖아.'
과거의 일로 돌려버린다. '무슨 엉뚱한 생각이야? 마흔이 넘었어. 몸이 굳어버린 지 오래라고.'	과거의 재능을 되돌리려 한다. '다음 발레 강좌가 언제 시작하는지 전화해서 알아봐야겠어.'
핑계거리를 찾는다. '기타를 배울 생각도 했지. 하지만 그걸 하기에도 나이가 너무 많은 것 같아.'	다양한 선택 가능성을 고려한다. '기타 강좌도 알아봐야겠어. 기타 연주를 해보고 싶었거든.'
자신 없어 하며 포기한다. '너무 힘든 일이야. 견뎌낼 자신이 없어.'	단계를 밟아가며 이겨낼 결심을 한다. '마음만 먹으면 뭐든 할 수 있어. 포기하지 않겠어.'

나 스스로 만든 '오늘의 과제'

오늘부터 나는 _____ 할 것이다.

날짜_____   서명_____

잘 놀아야 행복하다

:: 오늘을 위한 한마디

노는 방법을 아는 것은 행복한 능력이다. – 랄프 왈도 에머슨(시인)

하루에 15분씩 내서 노는 것이 오늘부터의 과제이다. 무엇을 하며 놀고 싶은가? 어떤 놀이가 가장 즐거운가? 어떻게 자신을 돌보면서 남들을 더 잘 챙길수 있을까? 당신 자신이 기쁠수록 주변에 더 많은 기쁨을 주게 된다는 점을반드시 기억하자. 놀이는 시간 낭비가 아닌, 일종의 시간 투자이다.

멀쩡히 살아있으면서 생명력을 잃어버리는 것, 그것이 우리의 비극

이다. – 앨버트 아인슈타인Albert Einstein(물리학자)

"나도 취미 생활을 하고 싶어요. 하지만 그럴 시간을 대체 어떻게 내지요?" 이렇게 반문하고 싶을지도 모르겠다. 혹시 당신도 "내가 왕년에는……"이란 말을 입에 달고 사는 부류인가? 남들에 대한 의무를 다하느라 자신이 정말 좋아하는 일을 포기하고 있지는 않은지 생각해보자. "남편의 정치 활동을 위해 내가 가치 있다고 생각하던 것은 모두 희생해버렸어"라고 이야기한 닉슨 전 대통령의 부인 팻 닉슨Pat Nixon처럼 당신도 뒤늦게 후회하고 싶지 않다면 말이다.

자, 스스로에게 물어보라. 우리는 무엇을, 왜 희생하고 있는가? 몇 년 전 나는 뇌하수체 종양 진단을 받았다. 그때 의사는 내 일상에 대해 묻더니 이렇게 조언해주었다. "다른 사람은 하나도 빼놓지 않고 챙기면서 자기 자신은 챙기지 않는 사람들을 전 많이 봐왔습니다. 결국은 몸이 견디다 못해 병이 나죠. 그 전에 미리 자신을 보살펴야 합니다." 나는 즉각적으로 그럴 시간이 없다고 대답했다. 해야 할 일들이 많아 잠잘 시간도 부족할 판이라고 말이다.

의사는 노는 시간에는 뭘 하느냐고 물었다. 나는 웃음을 터뜨렸다. "노는 시간이라고요? 그런 시간이 있을 리 있겠어요?" 의사는 다시 말했다. "자신을 위해 시간을 내는 것은 이기적인 일이 아닙니다. 현명한 행동이지요. 노는 시간을 마련하지 않으면 결국 아픈 시간을 만드는 셈입니다. 생각을 바꾸십시오. '남들 챙기느라 바빠 나는 챙길 시간이 없다'고 말하는 대신, '나를 더 잘 챙겨야 남도 챙길 수 있을 거야'라고 말하는 겁니다."

쉴 시간이 없다고 말했더니 의사는 "그럼 강제로 쉬십시오"라고 했다.

— 론 데팅어Ron Dettinger

때로는 자신이 끊임없이 쳇바퀴를 돌리는 다람쥐 같다고 느끼지 않는가? 빠른 속도로 계속해서 쳇바퀴를 돌리기 위해 당신은 무엇을 희생하고 있는가? 마하트마 간디Mahatma Gandhi는 이렇게 말했다. "삶은 속도를 높이는 것이 전부가 아니다"라고.

언젠가 내가 만났던 보험 설계사는 점심도 거르고 일에 매달리지만 저녁 7시 전에 퇴근해본 적이 없다며 하소연했다. 심지어 주말에도 서류를 집에 가져가서 작업을 한다는 것이었다. 이런 상황의 바탕에는 비현실적인 기대감이 자리 잡고 있다. 바로 열심히, 오랫동안 효율적으로 한다면 일을 다 끝낼 수 있으리라는 기대감이다. 그러나 그 기대는 틀렸다. 그런 일은 결코 일어나지 않는다.

지금은 업무 부담이 계속 늘어나는 시대이다. 따라서 예정대로 일을 다 마치는 경우는 절대로 없다. 일은 점점 더 늘어나기 때문이다. 그러니 우리 스스로 생각을 바꾸는 것이 중요하다. 모든 일을 정해진 시간에 마치지 못했다고 해서 무능력하거나 게으른 것은 아니라고 말이다.

스트레스를 완전히 없앨 수 없다면 역으로 균형을 맞추는 방법이 있다. 어떻게? 신나게 노는 시간을 마련하는 것이다. 놀이 활동은 스트레스를 줄이고 에너지를 재충전시킨다. 반면 스트레스는 우리의 에너지를 소모시킨다.

노는 시간이 줄어들고 있다면 주의해야 한다! 영혼도 사라지고 있을 테니까. — 로건 스미스Logan Pearsall Smith(작가)

어느 날 저녁, 원고를 손보고 있는데 둘째 아들이 방으로 들어와 물었다. "엄마, 저랑 카드 게임 하실래요?" 카드 게임을 할 수 없는 오만 가지 이유가 수없이 머리를 스쳐갔다. 아들의 취침 시간이 15분밖에 남지 않았고, 저녁 설거지도 끝내지 못한 상황이었다. 원고 수정도 막 시작한 참이었고, 청구서도 살펴봐야 했다.

하지만 아들의 간절한 눈을 보니 차마 거절할 수가 없었다. 나는 순간적으로 "좋아!"라고 말하고 말았다. 아이는 깜짝 놀란 표정을 짓더니 곧 뛸 듯이 기뻐했다. 그리고 곧 카드 게임을 가지러 자기 방으로 달려갔다. 큰아들까지 합세해 우리는 침대 위에 게임 판을 펴고, 주사위를 던지며 놀기 시작했다. 오랜 시간 할 수는 없었다. 하지만 함께 놀며 따뜻한 느낌은 충분히 주고받을 수 있었다.

일주일 뒤 이번에는 큰아들이 "우리 산책하러 가면 어때요?"라고 제안해왔다. 다시 한 번 나는 잠시 고민에 빠졌지만 곧 "좋아!"라고 대답했다. 큰아들은 자전거, 둘째는 롤러브레이드를 타고, 나는 걸어서 동네를 한 바퀴 돌았다. 그날 내 기억 속 밤하늘은 무척이나 아름다웠다.

사랑은 상대에게 자기 시간을 내주는 것과 같다. 다음번에 누군가가 당신에게 책을 읽어달라고 하거나 자전거를 타러 가자고, 혹은 소풍을 가자고 하거든 망설이지 말고 "좋아!"라고 대답하라. 쌓인 일은 우리를 기다려준다. 하지만 당신의 소중한 친구나 자녀들은 기다려주지 않는다는 것을 명심하자.

그 순간에 완전히 몸을 내맡기고 빠져들 수 있다면 우리는 더 풍요로운 삶을 살게 된다. – 앤 모로우 린드버그(여류 비행사)

잠깐 동안 노는 시간을 한층 더 가치 있게 하려면 그 시간에 완전히 몰입해야 한다. 죄책감을 느낄 필요는 없다. 잠깐의 '중간 휴식'을 가졌을 뿐이니까. 그 잠깐이 당신이 늘 원하던 풍요로운 삶을 만드는 방법이다. 작가 폴 퍼잘Paul Pearsall은 "순간을 위해 살지 말고 순간 속에 살아야 한다"고 하였다.

이것이 자신감과 무슨 상관이냐고? 조금 더 풍요롭게 살 수 있다면 우리의 자아 존중감도 높아진다. 우리가 원하는 대로 삶이 이어진다면 우리는 스스로를 더 신뢰하게 된다.

오늘은 무엇을 하며 놀 계획인가? 아무리 바쁘다 해도 15분가량은 놀 시간을 내겠다고 다짐하라. 그리고 그 시간을 통해 삶을 바꿔보라.

노는 시간을 확보하고 싶다면?

제니스는 노부모를 모시고 사느라 늘 바쁘다. 부모님을 사랑하지만 이제는 신체적으로나 정신적으로 서서히 고갈되는 느낌을 받고 있다.

방해가 되는 말과 행동	도움이 되는 말과 행동
남들을 챙기느라 나를 돌보지 못한다. '동생이 좀 더 도와주게 되면 내 시간을 쓸 수 있을 거야.'	남과 나를 함께 돌본다. '나 자신에게도 충전할 시간을 줘야겠어.'
즐거움을 누리지 못한다. '부모님만 집에 내버려두고 요가를 하러 가는 건 이기적인 행동이야.'	즐거움을 선택한다. '일주일에 두 번씩 요가를 하러 가야겠어.'
삶의 속도를 올린다. '부모님이 주무시는 동안 서둘러서 청소와 빨래를 끝내야지.'	삶의 속도를 낮춘다. '부모님이 주무시는 동안 나도 낮잠을 자야겠어.'
놀이는 아이들이나 하는 것이다. '할 일이 산더미 같아. 책임감 있는 어른으로 행동해야지.'	아이들처럼 논다. '옛날 노래를 틀어놓고 거기 맞춰서 청소기를 돌려야겠다.'
놀기를 거부한다. '나도 수영장에 가고 싶긴 해. 하지만 일을 못 끝냈어.'	시간을 내서 논다. '수영장에 뛰어들어 몇 분 동안이라도 열을 식히고 나와야겠어.'

나 스스로 만든 '오늘의 과제'

오늘부터 나는 _____ 할 것이다.

날짜_____   서명_____

Day
16

책임감이 나를 당당하게 한다

제 삶의 목적은 사람들이 스스로를 돕도록 북돋아주는 것입니다.
– 오프라 윈프리(방송인)

오늘의 과제는 자신감을 북돋아주고 싶은 상대를 찾아 방법을 함께 고민하는 것이다. 구조하지 말고 인도해야 한다. 조언을 하되 해결해주지는 말라. 자신이 할 수 있다고 느끼게 만들어야 한다. 스스로 문제를 해결하고 나면 상대는 만족하면서 자신을 긍정적으로 인식할 것이다.

책임감을 부여하고 신뢰하는 것만큼 그 사람에게 도움이 되는 일은

없다. – 부커 워싱턴Booker T. Washington(교육자)

당신 주변에 자신감 없는 사람이 있는가? 좀 더 당당하게 살도록 도와주고 싶은가? 그러나 섣불리 도와주려 하다가는 오히려 정반대의 결과가 빚어질 수 있다.

큰아들이 학교에 들어가던 해, 나는 학부모 회의에 참석했다. 담임선생님은 아들이 똑똑하고 성실한 학생이라고 칭찬한 후 잠시 말을 멈추고 망설이더니, "그런데 자신감이 좀 부족한 것 같아요"라고 덧붙였다. 나는 크나큰 충격을 받았다. 아니, 어떻게 그런 일이 일어날 수 있는가? 엄마인 내가 남들에게 자신감을 가르치는 사람인데…….

난 아들이 태어난 그날부터 당당한 사람으로 키우려 애썼다. 칭찬을 아끼지 않았고 어려움이 닥치면 도와주었다. 수학 문제를 붙잡고 끙끙대면 함께 풀었고, 신발 끈을 매지 못하면 매는 법을 알려주었다. 담임선생님은 한참 동안 내 이야기를 듣더니 "어머님은 아들을 돕는다고 했지만 실제로는 도우신 게 아니에요. 스스로 할 수 있는 일을 대신 해줄 때마다 아들의 자아 존중감을 빼앗은 셈이지요."

그렇다. 도움을 청하러 달려올 때마다 일을 재깍 처리해준다면 어떻게 아이들 자신의 문제 해결 능력을 키울 수 있겠는가. "자립하도록 돕지 못하는 자선은 죄악이다"라고 했던 사업가 존 록펠러John Davison Rockfeller의 말을 기억해두자.

진정한 즐거움은 편안함도, 부유함도, 남들의 찬사도 아닌 가치 있는 행위에서 온다. – 월프레드 그렌펠Wilfred T. Grenfell(의료 선교사)

그렇다고 도움이 필요한 이들을 외면하라는 말은 아니다. 어려움에 처한 이들로부터 등을 돌리라는 뜻도 아니다. 스스로를 도울 수 있도록 돕는 것이 중요하다. 다만 너무 많이 돕는 것은 오히려 해가 된다는 뜻이다.

그럼 어떻게? 구조하려 들지 말고 인도하면 된다. 능숙한 교사들은 학생들을 위해 답을 주지 않는다. 학생들 스스로 답을 찾도록 하고 질문한다. '교육하다educate'의 어원인 라틴어 'educere'는 '앞서서 이끌다'는 뜻이 아닌가. 하지만 학부모 상당수가 자녀들이 무엇을 어떻게 해야 할지 계속 말해주기 바쁘다. 직장에서도 마찬가지이다. 기업의 중간 관리직에 있는 사람의 경험담을 들어보자.

"예전에 제가 모시던 상사는 명령만 내리던 사람이었습니다. 저는 승진한 후 그와는 다른 상사가 되어야겠다고 생각하고 직원들이 원할 때 언제든지 찾아와 의논할 수 있는 기회를 주었습니다. 그랬더니 다들 문젯거리를 들고 오는 바람에 감당하기 어려울 지경이 되었습니다."

끙끙거리던 그는 전문가를 찾아 상담을 했다. 전문가는 그에게 직원들과 이야기할 때 '나'라는 말 대신 '자네'라는 말을 사용해야 한다고 조언했다. 그는 조언을 따라 직원을 대하는 방법에 변화를 주기로 했다.

"말하자면 이런 것이지요. '어떻게 처리하면 좋을지 내가 한번 생각해보지'라고 말하기 시작하면 모두들 자기 문제를 저한테 넘기고 부담을 벗어버립니다. 다음에 또 문제가 생기면 당장 제 사무실로 달려올 테고요. 반면 '자네는 이런 점을 생각해보았나?'라든지 '이렇게 되면 어떨 것이라고 생각하나?'라고 묻게 되면, 직원들 스스로 방법을 고민할 수밖에 없습니다."

책임감은 우리 모두에게 필요하다. 세상이 발전하려면, 우리가 당당해지려면 무엇보다 책임감이 있어야 한다.

– 프랭크 크레인Frank Crane(목사)

작가 로버트 앤더슨Robert Anderson은 "자신이 세상에서 가치 있는 존재라고 느끼는 것만큼 큰 보상은 없다"라고 하였다. 가치 있는 존재라는 느낌은 가치 있는 일에 참여하는 데서 비롯된다.

내 친구는 신설 초등학교의 교사였다. 학교는 말끔히 단장하고 문을 열었지만 겨우 3주 만에 쓰레기통으로 변해버렸다. 쓰레기를 함부로 버리지 말라고 아무리 이야기해도 학생들은 들은 척도 하지 않았다. 하는 수 없이 학부모회의 동의를 얻어 토요일에 전교생이 참여하는 대청소를 실시했다.

"얼마나 불평불만이 쏟아져 나왔을지 상상이 되지? 꼭 해야 하느냐고 울상을 짓는 학생도 많았어. 하지만 막상 토요일이 되어 낙서를 지우고 쓰레기를 치우고 나무를 다시 심는 등 대청소를 끝내고 다 같이 점심 먹을 시간이 되자, 학생들은 완전히 달라진 학교의 모습에 무척이나 자부심을 느끼더군. 자기들 손으로 커다란 변화를 이끌어냈으니까. 대청소가 아니었다면 집에 틀어박혀 텔레비전이나 보았겠지. 그 대신 학생들 스스로에게 가치를 부여하는 경험을 했던 거야."

어느 학교에서 졸업생들의 삶을 추적해본 결과, 성공의 결정 요인은 지능도, 경제적 배경도 아닌 소소한 일처리 경험이었다고 한다. 청소며 심부름 같은 작은 일은 긍정적인 자기 존중감을 발전시켜준다. 자신감의 6C를 완벽하게 충족시키기 때문이다.

위의 사례가 보여주듯 청소는 아이들이 가치 있게 기여할 수 있는 좋은 기회이다. 청소를 계속하면서 능숙해지면 자기 능력도 확인할 수 있다. 주변 환경을 책임지는 입장이므로 통제감도 느낀다. 어려운 일에 도전하면서 용기를 기르고, 서로 의사소통도 하게 된다.

어른들 또한 이러한 긍정적인 경험을 할 수 있다. 물론 우리가 처리해야 할 많은 일들이 늘 즐겁지는 않다. 하지만 책임감이 자기 존중으로, 그리고 자기에 대한 가치 부여로 연결되는 행복한 경험은 언제든 할 수 있을 것이다.

다른 사람이 자신감을 갖도록 돕고 싶다면?

프랭크의 아들 빌은 자신감이 부족하다. 늘 좋은 아버지가 되기 위해 노력해왔던 프랭크로서는 실망이 크다. 프랭크는 결국 빌을 '너무 많이' 도와주었던 것이 문제였다고 깨달았다.

방해가 되는 말과 행동	도움이 되는 말과 행동
대신 해준다. "수학 분수 문제가 안 풀린다고? 자, 내가 하는 걸 잘 보렴."	스스로 하도록 한다. "분수 문제가 안 풀린다고? 분모를 통일하는 것부터 시도해봤니?"
문제 상황에 개입한다. "당연히 코치 선생님이 널 제일 먼저 뛰게 해야 마땅해. 내가 코치 선생님과 이야기해보마."	스스로 문제를 해결하도록 격려한다. "제일 먼저 경기하고 싶다면 코치 선생님과 의논하는 게 어떨까?"
의무에서 면제시켜준다. "이번 주말에는 잔디를 깎지 않아도 좋아. 내일 아침에 중요한 시합이 있으니까."	의무를 다하도록 한다. "중요한 시합이 있다는 건 안다. 하지만 잔디를 깎는 데는 한 시간이면 충분해."
말을 통해 자신감을 불러일으키려 한다. "스스로를 믿어도 돼. 넌 똑똑하고 운동도 잘하잖아."	자신감을 높일 행동의 기회를 부여한다. "보이 스카우트에 가입하면 좋겠다. 여러 가지를 배울 수 있는 기회거든."

나 스스로 만든 '오늘의 과제'

오늘부터 나는 _____ 할 것이다.

날짜_____ 서명_____

What's Holding You Back?

5부

어떻게 **원하는 것**을 얻는가

통제Control, 누가 내 인생을 책임지는가

자기 통제는 존엄성의 핵심이다.

– 랄프 왈도 에머슨(시인)

Day
17

불안을 열정으로 바꾸는 법

∷ 오늘을 위한 한마디

두려움조차 잊어버릴 만큼 집중하라.

− 버드 존슨Lady Bird Johnson(전 미국 대통령 부인)

가까운 미래에 당신이 자신 있게 해내야 하는 일이 무엇인지 생각해보라. 오늘 배울 여러 기법을 활용해 불안을 날려버릴 수 있을 것이다. 상황을 뒤집어보는 전략도 시도해볼 만하다. 그 일을 하고 싶지 않은 이유보다 하고 싶은 이유에 초점을 맞추는 것이다. 미리 머릿속으로 리허설을 해보면서 긍정적인 그림을 그려라. 불안이나 의혹이 스며들 틈이 없도록 머릿속을 즐거운 기대로 채워두어야 한다. 불안감은 오히려 유익한 에너지의 원천임을 인식하고 상황을 바꿔보자.

발전할 기회가 찾아왔을 때 우리는 늘 불안감을 느낀다.

－ 키에르케고르(철학자)

새로운 상황에 맞닥뜨리면서 불안감을 느낀 적이 있을 것이다. 어떻게 초조한 마음을 몰아낼 수 있을지 알고 싶은가? 음악가, 무용가, 가수 등은 이런 불안감을 극복하는 데 전문가들이다. 떨리는 상태로는 최고의 공연을 할 수 없기 때문이다. 우리도 중요한 일을 앞두고 자신을 다잡는 법을 익혀보자.

테니스 선수 아서 애시Arthur Ashe는 "성공의 중요한 열쇠는 자신감이다. 자신감의 중요한 열쇠는 연습이다"라고 말했다고 한다. 그러면 이제 중요한 시합을 앞둔 테니스 선수를 예로 들어 어떻게 불안감을 날려버릴 수 있는지 살펴보자.

● 마음속으로 경기를 리허설한다

처음에 몸을 풀고 경기를 시작해 멋지게 스트로크를 넣는 모습을 상상하라. 날렵하게 코트를 오가며 공을 받아치는 모습도 떠올려라.

● 나쁜 상황을 그려보고 대처 방법을 계획한다

심판이 애매한 공에 대해 판정 오류를 범했을 때 침착하게 다음 서브를 넣는 자기 모습을 그려보라. 상대팀에서 야유하며 방해할 때에도 신경 쓰지 않고 끝까지 의연하게 경기를 마치는 모습을 상상하라.

● 이동 시간을 활용한다

경기장으로 이동하면서 잡담을 하거나 라디오를 듣는 대신 '내가 넣는 서브의 70퍼센트는 성공하게 만들겠어'와 같은 명료한 목표를 세운다. 이때 긍정적인 문장을 만드는 것이 중요하다. '실수를 거듭하면 안 돼'라든지 '오늘은 위험한 슛을 시도하지 않겠어'와 같은 부정적인 문장을 만들었다가는 도리어 그런 일이 발생할 가능성이 높다. 원치 않는 것보다는 원하는 것을 스스로에게 각인시켜라.

● 한두 마디의 지침을 사용한다

짧고 긍정적인 지침을 만들어 결정적인 순간에 활용하라. 행동을 작은 단위로 쪼개는 것도 유용한 방법이다. 가령 서브를 넣기 직전에는 "위쪽을 봐!"라고, 백핸드를 하기 직전에는 "어깨를 네트 쪽으로!"라고 말하는 식이다. 이렇게 하면 긴장할 틈 없이 자기 행동을 통제할 수 있다.

● 휴식 시간의 생각도 통제한다

'지면 어쩌나'와 같은 의혹이 머릿속에 떠오르기 시작하면 경기는 엉망이 된다. 긍정적인 주문으로 머리를 가득 채워 파괴적인 생각이 들어갈 자리가 없게 만들어야 한다. 챔피언 선수들을 보면 쉬는 시간에도 라켓만 뚫어지게 쳐다보는 경우가 많다. 상대 선수의 말이나 행동, 멀리 지나가는 비행기, 사진을 찍어대는 기자들에 정신을 빼앗기지 않기 위해서이다. 주변 상황은 무시하고 속으로 다음 경기를 리허설하는 데 집중하는 것이다.

우리 생각이 곧 우리 모습이다. – 부처(불교 창시자)

친구 결혼식에서 축하의 말을 하게 된 한 청년이 앞서 이야기한 불안감을 날려버리는 다섯 가지 단계를 어떻게 활용했는지 살펴보자.

청년은 제일 친한 친구로부터 신랑 들러리를 서달라는 부탁을 받았다. 흔쾌히 승낙한 다음에야 피로연에서 축하 인사까지 해야 한다는 걸 알게 되었다. 청년은 많은 사람들 앞에 나서서 이야기하는 게 무척 부담스러웠다. 그 광경을 생각만 해도 다리가 떨릴 지경이었다. 이런 상황에서 도움을 얻고 싶은 마음에 결국 그는 자신감 워크숍을 신청했다.

"자신감을 얻기 위한 다섯 가지 단계는 아주 효과적이었어요. 결혼식 2주 전부터 저는 무슨 말을 할지 머릿속으로 리허설을 했답니다. 축하의 말을 하러 나섰는데 입밖으로 한마디도 나오지 않는 최악의 상황을 상상했어요. 목소리가 갈라지고 하객들이 웃음을 터뜨리는 광경을요. 전 어떤 일이 일어나도 침착하게 대처하겠다고 다짐했지요. 불안감을 이기기 위해 전 그게 제가 아닌 친구를 위한 자리라는 걸 계속 떠올렸어요. 전 하객들에게 감동을 줄 필요가 없고 그저 친구를 돋 보이게 하면 된다고요.”

무사히 결혼식이 끝나고 피로연장으로 가는 차 안에서 청년은 라디오를 끄고 다시 한 번 축하 인사말을 반복했다. 친구가 얼마나 훌륭한 신랑감인지, 잘 맞는 짝을 만나게 되어 얼마나 기쁜지 말이다.

“마지막 순간에도 메모를 보면서 속으로 연습을 했어요. ‘이건 친구를 위한 일이야’라는 내 지침도 메모지에 커다랗게 써두었죠. 마침내 축하 인사 순서가 되었어요. 저는 자리에서 일어나 어깨를 펴고 신랑신부를 바라보며 준비한 대로 인사말을 했답니다. 제가 생각해도 정말 멋지게 해냈죠.”

힘은 마음먹기의 문제이다. – 존 비처John Beecher(시인)

배우들은 특정 자세를 취하면서 감정을 표현해낸다. 예를 들어 슬픈 연기를 해야 할 때면 입가를 내리고 어깨부터 온몸을 축 늘어뜨린다. 그리고 정말로 슬픈 감정을 느끼기 시작한다. 과거의 슬픈 경험을 떠올리는 것도 도움이 된다. 당신도 한번 시도해보라. 슬픔이 느껴지지 않는가? 그렇게 자세와 생각으로 슬픔을 느낄 수 있다면 자신감도 마찬가지가 아닐까?

자신감 있게 대처해야 할 중요한 일이 생겼다면 단 5분이라도 준비할 시간을 내어보자. 우선 정신적인 준비가 필요하다. 자신 있게 최고로 잘 해냈던 일을 떠올려라. 학교에서 상을 받았던 일도 좋고, 오랫동안 노력해서 좋은 성과를 얻었던 일도 좋다. 세상을 다 얻은 것 같았던 그 순간처럼 미소를 지어보자.

다음으로는 자세를 갖춰야 한다. 똑바로 서서 어깨를 펴라. 고개를 들고 얼굴 표정에 생동감을 더하라. 긴장하거나 불안하면 표정부터 위축되기 마련이다. 눈썹을 올리고 입가도 당겨 자신감 있는 표정을 짓자. 그런 표정이 되면 일부러 애써도 우울해지기 힘들다.

심리학자 윌리엄 제임스는 "세상이 살만한 곳이라고 믿어라. 그러면 그 믿음이 정말로 세상을 살만하게 만든다"라고 하였다. 당신이 자신만만한 사람이라고 믿어라. 자신만만하게 행동하라. 그러면 정말로 자신만만한 사람이 될 것이다.

겁먹은 마음이 의혹과 불신을 만들어낸다. — 헬렌 켈러Helen Keller(사회사업가)

모든 일이 마음먹기에 달렸다는 말을 들어보았을 것이다. 그렇다면 마음을 쓰지 않으면 문제도 없다고 말할 수 있지 않을까? 다시 말해 의혹에 신경을 쓰지 않으면 더 이상 우리에게 영향을 미치지 못한다.

큰일을 앞두면 우려 섞인 인사를 많이 받기 마련이다. 그럴 때 어떻게 대답할지 미리 준비해둘 필요가 있다. 예를 들어 결혼식을 앞둔 사람이 "많이 긴장되지?"라는 질문을 받았다고 하자. 어떻게 하면 당당하게 대답할 수 있을까? "오래 기다려온 일인 걸요. 친구들도 많이 와 준다니 기대가 돼요"라고 하면 어떨까?

중요한 시험을 치기 전에 "불안하니?"라는 질문을 받으면 "아뇨. 열심히 준비해서 잘 칠 것 같아요"라고 답하라. 출산이 임박했을 때 "얼마나 아프겠니!"라는 말을 들으면 "좀 아프겠지만 드디어 아기를 만날 수 있다는 것만 생각하려고요"라고 말해보자. 불안하고 초조한 마음 따위는 멀리 날려보내며 대신 최선의 시나리오를 짜고 준비하는 데 집중하는 것이다.

불안한 마음을 털어내고 싶은 순간에는?

톰은 말하기 훈련 강좌에 등록했다. 내일 처음으로 수강생들 앞에서 발표를 해야 한다. 많은 사람 앞에 선다는 생각만 해도 벌써 진땀이 난다.

방해가 되는 말과 행동	도움이 되는 말과 행동
불안감에 시달린다. '앞에 나섰는데 아무 생각도 안 나면 어쩌지? 모두가 의아한 눈으로 날 볼 거 아냐?'	불안감을 날려버린다. '이 강좌를 들어서 다행이야. 이번 기회에 자신감을 얻어야지.'
미리 스트레스를 받는다. '지난주 발표자는 거의 울 뻔하지 않았어? 나도 마찬가지겠지.'	리허설을 해본다. '똑바로 서서 청중과 한 사람씩 눈을 맞추는 거야. 그리고 자신 있게 얘기해야지.'
스트레스가 심해진다. '다들 평가하려 들 거야. 신경을 곤두세우고 내 실수를 하나하나 잡아내겠지.'	스트레스를 누그러뜨린다. '모든 사람에게 도움이 될 메시지를 제대로 전달하는 데 초점을 맞추겠어.'
안절부절 어쩔 줄 모른다. '벌써 다음이 내 차례야. 그냥 여기서 나가버리면 좋겠어.'	침착함을 유지한다. '자, 내가 다음 발표자군. 어서 내 이야기를 들려주고 싶어.'
두려워한다. '결국 또 망칠 거야.'	단호한 태도를 취한다. '이제 시작해보자!'

나 스스로 만든 '오늘의 과제'

오늘부터 나는 _____ 할 것이다.

날짜_____ 서명_____

Day
18

일단 시작하는 용기

:: 오늘을 위한 한마디

나는 기분이 내킬 때까지 기다리지 않는다. 그랬다가는 아무것도 할 수 없을 테니까. – 펄 벅Pearl S. Buck(작가)

오늘의 과제는 당신에게 도움이 되지 않는 습관을 바꿔보는 것이다. 그 습관이 얼마나 당신의 인생에 피해를 입히고 있는지 불평하는 대신 어떻게 바꿔야 할지 고민해보자. 토머스 제퍼슨Thomas Jefferson은 "바른 정신 자세를 가진 사람이 목표를 달성하지 못하게 막는 것은 하나도 없다. 그릇된 정신 자세를 가진 사람이 목표를 달성하도록 돕는 것 역시 하나도 없다"라고 하였다. 당신의 정신 자세는 어떤가? 정신은 행동을 따라오기 마련이다. 어서 행동하라.

부모님이 그렇게 미루기만 해서는 아무것도 할 수 없다고 말씀하셨을 때 전 대답했어요. "조금만 더 기다리시라니까요."

– 주디 테너타Judy Tenuta(코미디언)

당신도 '일단 미루고 본다'는 좌우명에 따라 살고 있는가? 늘 내일을 제일 바쁜 날로 만들어버리는가? 괴테는 "자기를 통제하는 법을 익히는 것이 가장 중요하다"고 하였다. 하지만 우리는 나쁜 습관이 나를 통제하도록 내버려두는 경우가 좀 더 많다. 바꾸려는 의지는 충만하지만 늘 '내일부터!'라고 생각하는 것이다.

"우리는 무엇이 최선인지 판단하고 그 반대로 가버리는 유일한 생명체이다'"라고 했던 심리학자 너대니얼 브랜든Nathaniel Branden의 말을 떠올려보라. 왜 그렇게 하는 걸까? 어떻게 하면 이 악순환을 끊어버릴 수 있을까?

자신감을 가지려면 자신이 스스로의 삶을 통제한다는 느낌이 필요하다. 해야 하는 일과 반대되는 것을 하면서 자기를 존중하기란 어렵다. 이 장의 목적은 우리의 습관을 살펴보고, 그 습관이 도움이 되는지 방해가 되는지 확인하는 것이다. 도움이 된다면 문제없지만 걸림돌로 작용한다면 무언가 대처 방법을 마련해야 한다.

인생 후반부는 전반부에 쌓아놓은 습관과 같다.

— 도스토예프스키Fyodor Dostoyevsky(소설가)

당신은 인생 전반부에 어떤 습관을 쌓아두었는가? 도스토예프스키의 말처럼 우리 인간이라는 존재는 결국 차곡차곡 쌓인 습관의 결정체가 아닐까? 습관은 우리의 젊음을 유지시킬 수도, 늙은이로 만들어버릴 수도 있다. 당신은 인생 전반부에 쌓아둔 나쁜 습관을 마침내 바꿀 준비가 되었는가? 혹시 나쁜 습관을 불만스러워하면서도 고치려하지 않는 또 다른 습관이 생겨버린 것은 아닌가?

최근에 나도 습관 하나를 바꾸었다. 내게는 두 아들이 자러 들어가고 나면 자유 시간을 즐기기 위해 늦게까지 일도 하고 신문도 읽고 텔레비전을 보느라 자정을 훌쩍 넘겨 잠자리에 드는 습관이 있었다. 그렇게 늦게 잠드는 탓에 아침마다 일어나기가 힘들었고, 커피를 몇 잔 들이켜야 정신이 들곤 했다.

그러던 중 하루를 시작하는 첫 30분이 얼마나 중요한지 강조하는 글을 읽게 되었다. 글쓴이는 인생을 험한 길에서 흙탕물을 튀기며 달려가는 화물차에 비유했고, 아침의 첫 30분은 화물차 앞 유리를 닦아주는 와이퍼와 같다고 했다. 그러면서 그 30분 동안 글을 쓰는 것이 좋다고 권했다.

그러잖아도 무기력하게 시작하는 아침 시간이 싫었던 터라 나도 첫 30분을 활기차게 보내는 습관을 갖기로 다짐했다. 하지만 글을 쓰는 게 내 일상 중 하나이므로 글쓰기보다는 산책이 좋다는 생각이 들었다. 처음 시작은 어렵지 않았지만 꾸준히 계속하는 것이 문제였다. 자명종 시계를 던져버리고 다시 자고 싶은 마음이 얼마나 크겠는가. 때문에 함께할 친구가 있으면 좋을 것 같았다. 나는 이웃 친구에게 전화를 걸어 새벽 6시부터 30분 동안 함께 산책하자고 제안했다.

다음날부터 우리는 양쪽 집 중간쯤에서 만나 30분씩 걷기 시작했다. 효과는 기대 이상이었다. 몸과 마음이 상쾌해지는 것은 물론이고, 내 인생을 내가 잘 관리하고 있다는 자신감까지 생겨났다. 우리는 걸으면서 서로의 고민을 털어놓고 의논하며 위로하기도 했다. 집으로 돌아올 때면 아름다운 세상에 감사하는 마음이 들면서, 가족에게 더 다정하게 대하고 신나게 일을 시작해야겠다고 결심을 하곤 했다.

자기 존중은 자제심에서 나온다. 스스로에게 "안 돼!"라고 말할 수 없다면 인간적 품위도 기대할 수 없다.

– 에이브러햄 허셜Abraham J. Herschel(유대 신학자)

에이브러햄 허셜의 말에 덧붙이자면, 우리의 품위는 스스로에게 "하자!"라고 말할 수 있는 순간부터도 나온다고 생각한다. 스스로를 구덩이에 빠뜨려놓고 허우적거리게 될 때마다 우리는 해야 할 일을 제때, 제대로 해냈다면 얼마나 좋았을까 후회하지 않는가.

일찍 일어나는 습관을 붙인 후 나는 과거에 내가 보냈던 밤 시간을 돌이켜보았다. 사실 잠들기 직전에 비행기 사고니 살인 사건이니 경제 파탄이니 하는 우울한 뉴스들로 머릿속을 채우는 것이 뭐가 좋겠는가? 하루를 마감하는 방식으로는 너무나 우울하지 않은가? 달콤한 꿈을 꾸며 잠자는 건 아예 포기하는 셈이다. 당신도 혹시 이렇게 하루를 마무리하고 있다면 당장 텔레비전을 꺼버리는 것이 어떨까? 대신 좋은 음악을 듣거나 멋진 책을 몇 쪽 읽은 후 제때 잠자리에 드는 것이다.

앞서 나는 산책하는 습관을 예로 들었지만 당신도 무조건 일찍 일어나 산책을 시작하라고 권하는 것은 아니다. 당신은 일찍 일어나거나 운동을 하는 데 그다지 가치를 부여하지 않는 사람일 수도 있으니까. 핵심은 촉매제 역할을 할 자그마한 행동을 지금 당장 시작하라는 것이다. 그 행동은 다른 행동으로 이어져 긍정적인 결과를 만들어낸다. 엘리노어 루스벨트가 "진정으로 무언가에 관심을 가지면 그 관심이 어느새 당신을 다른 것으로 인도한다"라고 했던 것처럼 말이다. 하나의 습관을 바꾸면 다른 습관도 연쇄 작용을 하며 바뀐다. 그리고 당신이 원하던 모습에 성큼 다가가게 된다.

이렇게 긍정적인 결과가 뻔히 보이는데 당장 행동하지 않을 이유가 무엇인가? 모름지기 습관은 이성보다 더 크게 작용하는 법이다. 습관은 기계적으로 반복된다는 점에서 조심해야 한다. 결과를 생각하지 않기 때문이다. 처음에 습관을 만든 것은 나라고 해도, 결국은 습관이 나를 만들고 만다.

하지만 이 점을 기억하라. 습관이 만들어지는 것이라면 얼마든지 다른 습관으로 대치할 수도 있다. 습관보다 강한 이성의 힘을 발휘하면 자동화된 습관을 되돌릴 수 있다. 자, 언제까지 당신을 마음에 들지 않는 습관에 내맡길 것인가.

인내와 고집 사이에는 하겠다는 강한 의지와 안 하겠다는 강한 의지의 차이가 존재한다. – 헨리 워드 비처Henry Ward Beecher(목사)

어느 신문기자가 골프 선수 잭 니클라우스Jack Nicklaus를 인터뷰하면서 물었다. "10년 전보다 훨씬 더 좋아 보이시는데 비결이 있나요?" 잭은 조깅을 한다고 대답했다. 기자가 "달리기를 좋아하시는군요?"라고 다시 묻자, 그는 이렇게 말했다. "정말 싫어합니다. 하지만 달리기로 인한 변화는 좋아하지요." 어떤 행동을 계속하려면 그 과정의 어려움보다 성과가 더 커야 한다는 뜻이리라.

하지만 워크숍에서 내가 만났던 많은 사람들이 어려움이 성과보다 더 크기 때문에 행동하지 않는 것은 아니었다. 오로지 어려움에만 집중하는 까닭에 문제가 생겼다. 그렇다면 이제 성과에 집중하여 생각하는 연습을 해보는 게 어떨까? 자연스레 행동의 동기가 생겨날 것이다.

한 여성은 자녀들을 떠나보내고 상실감에 시달리고 있었다. 너무 오랫동안 엄마로서만 살아온 탓에 혼자서 뭘 해야 좋을지 모르겠다며 하소연했다. 나는 그녀에게 혹시 평소에 하고 싶다고 생각한 일이 있는지 물었다. 그 여성은 임신과 출산으로 그만두어야 했던 대학 공부를 끝내고 싶은 마음이 있다고 했다. 왜 지금 시작하지 않느냐고 했더니 온갖 장애 요인을 줄줄이 읊어댔다.

"이제 와서 공부를 시작한다면 제대로 숙제라도 해낼 수 있겠어요? 통학하는 일도 문제이고, 학교에서 제일 나이 많은 학생이 되는 것도 싫어요." 나는 어려움 대신 성과에 초점을 맞춰보라고 조언했다. "다시 공부할 수 있다면 얼마나 행복할지 생각해보세요. 아름다운 캠퍼스를 오가며 다양한 강의를 듣고 새로운 친구를 만나겠죠. 공부를 마치면 할 수 있는 일이 지금보다 훨씬 많아질 거예요."

시작하기 전에는 늘 망설임, 머뭇거림, 물러서고 싶은 마음이 있다. 하지만 일단 뛰어들면 그만둘 수 없는 이유가 무수히 생겨난다. 지금 당장 시작하라. – 괴테(작가)

"전 성과가 아닌 어려움에 초점을 맞추는 건 아니에요. 다만 제가 뭘 하고 싶은지 정확히 모르겠어요." 한 워크숍 참석자는 이렇게 푸념했다. 당신도 혹시 그와 같은 상황인가?

고등학교를 졸업하면서 나는 대학에서 무엇을 전공할지 선택해야 했다. 쉬운 일이 아니었다. 몇 달 동안 언론학, 스포츠, 의학, 법학 사이에서 갈팡질팡했다. 시간이 흘렀지만 진전은 없었다.

결국 아버지는 당시 내가 가진 정보를 바탕으로 일단 결정을 내려 시작하라고 말씀하셨다. 일단 시작해서 가다 보면 맞는 길인지 아닌지 드러나기 마련이다. 맞는 길이라면 계속 가면 되고, 맞지 않는 길이라면 그때 바꾸면 된다는 것이다. 맞지 않는 길을 갔던 시간도 낭비라고 할 수는 없다. 출발선에서 갈피를 잡지 못하는 시간이야말로 낭비되는 셈이다.

앨버트 아인슈타인은 "내가 어떻게 일하느냐고요? 더듬거리며 합니다"라고 하였다. 우리도 그렇게 더듬거리며 살아간다. 무엇을 하고 싶은지 분명하지 않은가? 가만히 기다리면 신의 계시라도 내려올 것 같은가? 뭐, 그런 경우도 간혹 있다고는 하지만 늘 기대할 수는 없지 않을까?

일단 부딪히기 위한 행동 계획은?

폴은 텔레비전의 스포츠 중계를 보기 시작했다. 처음에는 미식축구를 보았지만 하키, 농구, 배구까지 보게 되면서 결국 주말 내내 텔레비전 앞에서 시간을 보내는 지경에 이르렀다.

방해가 되는 말과 행동	도움이 되는 말과 행동
습관을 정당화한다. '난 성인이야. 하고 싶은 대로 할 자유가 있다고. 스포츠 좋아하는 게 뭐가 문제야?'	습관의 폐해를 인식한다. '서른 살이나 먹은 어른이 내내 스포츠 중계만 보면서 인생을 낭비할 수는 없어.'
행동을 뒤로 미룬다. '날씨가 좀 따뜻해지면 밖으로 나가야겠다.'	행동을 결심한다. '이번 주말에는 제일 좋아하는 종목 두 개만 보고 밖으로 나가야겠어.'
무력감에 빠진다. '뭘 하면 좋지? 운동을 해본 지 너무 오래되었어. 공을 잡지도 못하겠지.'	계획을 세운다. '토요일 아침마다 동네 사람들이 모여 배드민턴을 한다니 거기 끼어야겠어.'
장애물에 초점을 맞춘다. '운동화가 너무 낡았어. 새로 사려면 돈이 들 거야.'	성과에 초점을 맞춘다. '나가서 운동을 하면 기분이 얼마나 좋아질까!'
결정을 내리지 못한다. '난 늘 일을 미루는 버릇이 있잖아. 운동도 새해부터 해야겠어.'	촉매가 되는 행동을 시작한다. '같이 배드민턴 연습을 해보자고 친구한테 전화해야겠어.'

나 스스로 만든 '오늘의 과제'

오늘부터 나는 _____ 할 것이다.

날짜_____ 서명_____

원하는 것을 소리 내 말하라

:: **오늘을 위한 한마디**

친절하라고 해서 만만한 사람이 되라는 뜻은 아니다.

— 마야 안젤루Maya Angelou(시인)

단호하라고 해서 무례하게 굴라는 뜻 역시 아니다. 요점은 당신과 상대방 모두가 모욕감을 느끼지 않도록 해야 한다는 것이다. 오늘은 불만스러운 상황을 하나 선택해 해결을 시도해보자. 당신을 부당하게 대하는 사람이 있는가? 원하는 것을 제대로 얻지 못하고 있는가? 더 이상 말없이 견디며 희생양을 자초해선 안 된다. 상황을 객관적으로 보고 양쪽의 입장을 고려하며 결과를 예상하라. 당신이 무엇을 원하는지 소리 내 말해보라.

도덕은 예술과 같다. 어디에 선을 그을지 결정해야 한다.

– G. K. 체스터튼 G. K. Chesterton(작가)

자신감도 그렇다. 선을 그을 수 있어야 자신감을 느낄 수 있다. 흔히 어느 정도 불편함을 참는 것이 예의라고들 한다. 하지만 지나치게 참을 필요는 없다. 당신은 상대를 배려해 늘 괜찮다고 말하는 부류의 사람인가? 남과의 관계가 공평한가, 아니면 대체로 이용당한다는 기분이 드는가? 원하는 바를 이루면서 사는가, 아니면 늘 남에게 밀려 양보하는 입장인가? 속으로는 거절하고 싶으면서도 어쩔 수 없이 "그래"라고 말하고 있는가?

필요한 순간에 자기 입장을 소리 내 말할 줄 아는 능력은 대단히 중요하다. 마지못해 양보하는 일이 계속해서 이어지면 자존감은 상처를 입고 만다. 남을 배려하느라 나를 챙기지 못하는 탓이다. 단호하게 입장을 밝힐 줄 알아야 한다. 여기서 '단호하게'라는 것은 결코 공격적인 태도를 취하라는 뜻이 아니다. 단호함에는 상대를 모욕하거나 파괴하려는 의도가 없다. 핵심은 긍정적인 방식으로 내 권리를 남에게 알려주는 것이다.

내가 먼저 내주지 않는다면 내 자존감을 빼앗아갈 사람은 없다.

— 마하트마 간디(정치인)

전작 《적을 만들지 않는 대화법》을 준비하면서 나는 몇 년 동안에 걸쳐 여러 사례를 분석했다. 그 결과, 우리의 권리를 짓밟고 괴롭히는 사람들을 다음 세 가지 유형으로 나눌 수 있었다.

● 아예 모르는 유형

자기 말이나 행동이 불친절하거나 부적절했다는 점을 전혀 모르는 유형의 사람들이다. 이런 사람에게 "네가 어제 했던 말이 마음에 걸려"라고 하면 깜짝 놀라며, "내가 그렇게 말했어? 정말 미안해. 너 들으라고 한 소리는 아니야"라고 사과할 것이다.

● 알지만 말해주어야 문제를 인식하는 유형

두 번째 유형의 사람들은 자기 행동이 옳다고 여기지는 않지만 상대가 말해주어야 비로소 문제로 인식한다. 상대가 말하지 않으면 괜찮다고 생각하는 것이다. 이런 사람들은 "그게 싫었다면 왜 진작 얘기하지 않았어?"라는 반응을 보인다.

직장 초년병 시절, 나는 입사하면서 굳이 높은 연봉을 요구하지 않았다. 꼭 하고 싶은 일이었기 때문이다. 나는 열심히 일했고 성과도 올렸지만 회사는 아무런 보상도, 칭찬도 해주지 않았다. 1년이 조금 더 지나 더 이상 참지 못하게 된 나는 상사를 찾아갔다. 그는 이렇게 말했다. "불공평하다는 생각을 하는 게 당연해. 자네가 대체 언제쯤 날 찾아올지 궁금했다네."

당혹스러웠던 그 경험은 내게 큰 교훈을 남겨주었다. 내가 원하는 것, 마땅히 받아야 하는 것을 남이 알아서 해줄 때까지 기다려서는 안 된다. 나 대신 굳이 나서서 문제를 해결해줄 사람은 없다.

● 알면서도 문제로 인식하지 않는 유형

자기 말이나 행동이 공정하거나 친절하지 않다는 걸 알면서도 전혀 거리낌이 없는 사람들이다. 기껏해야 "거참 안 됐군"이라고 말할 뿐이다. 이런 자들은 상대가 고통을 받고 분노하는 걸 보면서 즐기기까지 한다. 안타깝게도 세상에는 이런 유형의 사람들이 꽤 많다. 의도적으로 괴롭히면서 자기가 원하는 결과를 얻기 때문이다.

당신을 괴롭히고 있는 사람은 앞서 분류한 세 유형 중 어디에 들어가는가? 사실 어느 유형인지는 중요하지 않다. 핵심은 당신이 소리 내 말하지 않는 한, 상황은 결코 개선되지 않는다는 점이다. 당신 입장을 모르는 사람은 모르기 때문에, 알고 있지만 말해주어야 문제로 인식하는 사람은 말해주지 않았다는 이유로, 알면서도 문제로 인식하지 않는 유형은 남을 무시하기 때문에 자기 행동을 고치지 않는다.

그러니 앞으로는 내가 나서서 직접 해결을 시도하지 않은 일에 대해서는 상대에게 전적인 책임을 지우지 말아야 한다. 나 역시 부분적인 책임을 져야 하기 때문이다. '희생양이란 결국 자초한 역할'이라는 말도 있지 않은가.

말하지 않아도 상대가 알아차려 주려니 하고 오늘도 계속 참고 있는 당신의 불편이나 괴로움은 무엇인가? 자신감 있는 사람은 뒤로 물러나 수동적으로 기대만 하지 않는다. 입으로는 다 괜찮다고 하면서 속으로 끙끙 앓지도 않는다. 오늘부터는 당신도 소리 내어 말하라. 그리고 원하는 것을 얻어라.

침묵은 동의의 표시이다. – 아프리카 베르베르 속담
....

소리 내 말하는 사람만이 삶에서 원하는 것을 가질 수 있다. 자, 그러면 어떻게 말하면 좋을까? 상대의 기분을 배려하면서도 하고 싶은 말을 제대로 하는 전략을 알아보자.

● 객관적으로 상황을 평가한다

객관적인 사실만을 고려하려면 '누가, 무엇을, 어디서, 언제, 왜' 했는지 살펴보아야 한다. 우리는 흔히 극단적인 표현을 사용하곤 한다. "그 사람은 늘 내가 잘못한 것만 지적해"라든지 "내 기분은 절대로 생각하지 않아"라고 말이다. 주관적 혹은 감정적으로 싸잡아 말하지 말

라. 내 기분이 상한 이유는 구체적으로 무엇인가?

● 양쪽 입장을 모두 살펴본다

화가 나면 내 입장만 보기 쉽다. 상대는 왜 그렇게 행동했을까? 상대의 행동은 어떻게 정당화될 수 있는가? 불쾌하게 다가온 행동의 이유를 안다면 이해할 수도 있다. 공자는 "더 많이 알수록 더 많이 용서한다"고 했다.

● 결과를 예상한다

상대의 불쾌한 행동에 대해 항의하는 것만이 답은 아니다. 자칫 하면 큰 싸움으로 번질 수 있다. 주차 자리를 빼앗기면 화가 나겠지만 그건 세계 평화에 비하면 하찮은 일이다. 몸싸움을 벌이다 병원 신세를 질 위험을 감수할 만큼 중요한 일도 아니다.

● 원치 않는 것보다 원하는 것에 초점을 맞춘다

마음에 들지 않는 점에 대해 불평을 늘어놓는다 한들 별 효과는 없다. 반면 원하는 것에 초점을 맞춰 이야기하면 문제 해결이 가능하다. 예컨대 "말하는 데 끼어들지 말아요!"보다는 "내 말이 끝날 때까지 좀 기다려주세요"가 낫지 않을까. 마찬가지로 "내 인생에 대해 잔소리는 그만둬요!"라고 말하기보다 "내가 잘되라고 하는 말인 건 알아요. 하지만 스스로 결정을 내리고 교훈을 얻도록 해주세요"가 백번 낫다.

인간답게 살기 위한 돈벌이가 탐욕과 전혀 다르듯, 자신감 또한 자만심과는 전혀 다르다. - 채닝 폴락Channing Pollock(마술사)

한 비서의 경험담을 살펴보자. "제 상사는 매일 퇴근 시간 직전에 잔뜩 업무를 준답니다. 그러면 늦게까지 야근을 해야 하죠. 더 이상 참을 수가 없어 사표 쓸 생각까지 했어요. 그러다가 말없이 당하기만 해서는 안 된다는 생각에 제안을 했지요. 점심 한 시간 전과 퇴근 한 시간 전에 업무를 전달해달라고요. 그럼 그중 시급한 것을 골라 퇴근 시간 안에 해결하고, 나머지는 다음날 처리하겠다고 했어요."

상사는 과연 어떻게 반응했을까? 예상과 달리 상사는 그녀에게 흔쾌히 그러자고 대답했다.

"좋은 의견을 주어 고맙다고까지 하더군요. 말이 나온 김에 '사실은 속이 상해 사표 쓸 생각도 하고 있었어요'라고 털어놓았더니, 깜짝 놀라지 않겠어요? 자기 때문에 제가 야근을 밥 먹듯 한다는 걸 몰랐다지 뭐예요?"

하긴, 제시간에 퇴근해 사무실에 없던 상사가 그 사실을 어떻게 알았겠는가? 비서는 결국 현명하게 문제를 해결했다. 하지만 자기 입장을 알리지 않았다면 어떻게 되었을까? 이렇게 금방 해결될 문제 때문에 직장까지 잃어버릴 뻔한 셈이다.

소리 내 말하기 위한 첫걸음은?

게일은 액션 영화를 좋아하지 않지만 남편은 액션 영화만 보려 한다. 다른 영화를 보자고 하면 '여자들이나 보는 영화'라며 묵살해버린다. 게일은 차라리 영화관에 가고 싶지 않은 심정이다.

방해가 되는 말과 행동	도움이 되는 말과 행동
한탄한다. '벌써 몇 년째 내가 보고 싶은 영화를 보지 못했어.'	공평해지는 방법을 모색한다. '남편은 자기가 좋아하는 영화를 보고 난 내가 좋아하는 영화를 보는 게 공평해.'
다시 양보한다. '또 액션 영화군. 하는 수 없이 함께 봐줘야지.'	소리 내어 말한다. "이런 영화는 당신 친구들과 함께 보면 어때요?"
감정적으로 퍼붓는다. "정말 질렸어요. 당신은 어쩌면 이렇게 자기 좋을 대로만 해요? 액션 영화는 딱 질색이니 앞으로 그런 줄 알아요!"	조화를 추구한다. "상영관이 여럿인 곳에 가서 당신은 액션 영화를 보고, 난 다른 영화를 보면 어떨까요? 그다음에 만나서 맥주 한잔하면서 서로 보았던 영화 이야기를 하는 거예요."
공격적으로 말한다. "당신이 좋든 싫든 이제 난 상관 안 할 거예요."	당당하게 말한다. "여보, 이건 우리 둘 다에게 공평한 윈윈 게임이라니까요."

나 스스로 만든 '오늘의 과제'

오늘부터 나는 ＿＿＿＿＿＿＿＿＿＿＿＿＿＿＿＿＿＿ 할 것이다.

날짜＿＿＿＿＿＿ 서명＿＿＿＿＿＿

당신이 바꿀 수 있는 것,
바꿀 수 없는 것

∷ 오늘을 위한 한마디

나는 자신을 돌본다. 나한테는 내가 하나뿐이기 때문이다.

– 그루초 막스Groucho Marx(코미디언)

당신도 자신을 돌보고 있는가? 오늘 하루 동안 다시 한 번 당신이 바꿀 수 있는 것과 없는 것을 찾아보고, 고마운 부분을 충분히 고마워했는지 확인해보자. 충성스러운 자기 몸을 인정하고 감탄해주라. 캘빈 쿨리지Calvin Coolidge 대통령은 "모든 것을 단번에 할 수는 없지만 한 번에 하나씩은 할 수 있다"고 하였다. 모든 면에서 완벽한 몸을, 그것도 단번에 가질 수는 없다. 행동하기로 했다면 단계를 밟아 차근차근 자기를 돌보아야 한다.

코나 이마에 사마귀가 났다고 하자. 그럼 설사 당신이 아메리카 대륙을 발견했다 해도 아무도 그 사실은 아랑곳없이 그저 사마귀만 비웃으리라는 생각에 사로잡힐 것이다. — 도스토예프스키(소설가)

워크숍에서 만난 수많은 사람들이 자기 외모나 몸매가 마음에 안든다며 투덜거리곤 한다. 당신은 어떤가? 이는 결코 사소한 부분은 아니다. 내 '겉포장'에 대한 생각은 자의식과 떼어놓을 수 없기 때문이다. 당신은 자기 겉모습을 어떻게 생각하는가? 자랑스러운가, 아니면 부끄러운가? 당신의 몸은 아무 문제없이 움직이는가, 혹은 건강상의 문제가 있는가?

우리 겉모습이 실제로 어떤지는 중요하지 않다. 스스로 그 겉모습을 어떻게 느끼는지가 중요하다. 남들에게 매력적이라는 찬사를 받는다 해도 마음속으로 동의하지 않는다면 무슨 의미가 있을까? 자기 몸에 불만이 있다면 스스로를 존중하기 어렵다.

우선 자신이 자기 몸에 대해 어떻게 생각하고 있는지 알아보자. 다음 표에서 당신의 머리부터 발끝까지 각 신체 부위를 좋아하는지 싫어하는지, 바꿀 수 있는지 없는지를 표시해보면 어떨까. 좋아하거나 싫어하는 이유는 제각각이기 마련이다. 곱슬머리여서 싫을 수도 있고 머리카락 색깔이 마음에 안 들 수도 있다. 두 눈이 서로 너무 가까이 붙어있어 싫을 수도 있고, 안경을 써야 할 만큼 시력이 나빠서 싫을 수도 있다. 구체적인 이유가 떠오른다면 그 이유도 적어보자. 신체 부위 중 덧붙이고 싶은 항목이 있다면 얼마든지 추가해도 좋다.

신체 부위	좋아하는가?	싫어하는가?	바꿀 수 있는가?	바꿀 수 없는가?
머리카락				
눈				
코				
입술, 치아				
피부				
귀				
어깨				
팔				
가슴				
허리				
엉덩이				
다리				
발과 발목				
신장				
몸무게				
기타				

개성과 아름다움에 감탄할 수 있다면 에너지를 얻게 될 것이다.

– 제임스 레드필드James Redfield(작가)

이제 표를 살펴보면서 다음 단계를 따라 작업을 시도해보자.

1단계: 당신이 좋아하는 신체 항목에 동그라미를 쳐라. 잠시 행동을 멈추고 고맙다는 생각을 하라.

2단계: 이번에는 당신이 싫어하지만 그렇다고 바꿀 수도 없는 신체 항목에 동그라미를 쳐라. 이 부분에 대해서는 마음을 비워야 한다. 통제할 수 없는 대상을 향해 이를 갈며 시간을 낭비하지 말자. '난 농구 선수가 아니랍니다'라고 쓰인 티셔츠를 입으며 지나치게 큰 키에 대한 콤플렉스를 극복한 사람이 있었다. 이처럼 당신도 결점이라 여기는 부분에 유머러스하게 대처해보면 어떨까?

3단계: 마지막으로 당신이 싫어하긴 해도 바꿀 수 있는 신체 항목에 동그라미를 쳐보라. 그리고 '이걸 바꾸는 일이 내게 정말로 중요한가?'라는 질문을 던져보라. 그렇다는 답이 나온다면 변화를 위한 행동에 과감하게 나서야 한다. 아니라면 가위표를 긋고 지금 상태를 받아들이도록 노력해보자.

유난히 튀어나온 앞니 때문에 늘 놀림당하면서 자랐다는 여성이 있었다. 웃거나 말할 때면 반드시 손으로 입을 가리는 버릇이 생겼고, 자기 앞니를 보는 사람은 다들 깜짝 놀랄 것이라 생각하며 살아왔다고 한다.

세월이 흘러 세 자녀의 어머니가 된 이 여성은 딸아이를 치과에 데려갔다가 자신도 치아 교정을 받을 수 있다는 이야기를 들었다. 다 늦은 나이에 무슨 치아 교정인가 하는 생각부터 들었지만, 몇 년만 참으면 남은 인생 동안 콤플렉스에서 벗어나 살 수 있다는 생각에 마침내 결심을 했다. 워크숍에서 그 이야기를 털어놓은 참석자는 입을 벌려 교정 철사를 보여주었다. "이제 석 달만 지나면 끝난답니다!"

신은 우리 몸을 창조했다. 몸은 참으로 놀랍고 정교한 발명품이다. 이 때문에 의사들은 신을 숭배하지 않을 수 없다. – 헨리 워드 비처(목사)

신혼 때 부모님이 우리 집에서 명절을 함께 보내러 오신 적이 있었다. 남편은 식사 준비를 하겠다며 도통 부엌에서 나오질 않았다. 나는 어서 나와서 함께 이야기를 나누자고 부르다가 결국 화를 내버렸다. 남편은 어이없어하며 "부모님과 편하게 시간을 보내라고 부엌일을 다 해준 남편한테 화내는 아내가 당신 말고 또 있겠어?"라고 말했다. 듣고 보니 그랬다. 이후 나는 화가 나면 상황을 뒤집어보기 시작했다. '정반대 상황이라면 어떨까?'라는 질문을 던지는 것이다.

우리 몸도 마찬가지다. 몸이 나를 위해서 해주는 일에 대해 가만히 생각해보자. 걷고 뛰게 해준다. 매일 아침 별문제 없이 일어나 움직이도록 해준다. 생각하고 느끼고 보고 듣고 말하게 해준다. 잘 움직이는 데서 그치지 않고 즐거움까지 안겨준다.

그런 몸에게 나는 어떻게 해왔는가? 마음에 안 든다고 구박하고 무시했다. 싫어하는 부분에만 집착했다. 몸 입장에서는 억울하기 짝이 없는 일이 아닐까. 평생을 봉사하고 있는데 감사 인사를 받기는커녕 비판만 당하고 있으니 말이다.

건강한 몸이 당연하다고 생각하는가? 그렇지 않다. 건강을 잃을 가능성도 얼마든지 있다. 몸은 정신의 집이다. 당신의 절반이나 다름없는 몸에게 이제부터라도 따뜻한 시선을 보내보자.

내 몸을 사랑하기 위한 행동 계획은?

빅토리아는 아토피로 고생이 심하다. 긴 티셔츠와 긴 바지로 피부를 가려야 할 정도이다. 피부병 환자를 좋아할 사람은 없다고 생각해 자신감마저 상실했다.

방해가 되는 말과 행동	도움이 되는 말과 행동
몸을 미워할 대상으로 본다. '내 몸은 내가 봐도 끔찍해.'	몸을 고마운 대상으로 본다. '아토피를 제외하면 아무 문제가 없으니 얼마나 다행이야.'
겉모습에 집착한다. '체육관에 가고 싶어. 하지만 짧은 체육복은 입지 않겠어.'	개선한 방법을 찾는다. '어떻게 완화시킬 방법이 있을까? 의사가 권한 연고를 발라봐야지.'
겉모습에 대한 불평을 계속 한다. '거울도 보기 싫어. 대체 왜 나한테 이런 일이 일어났을까?'	행동하거나 받아들인다. '명상 강좌를 들으면 스트레스를 줄이는 데 도움이 될까?'
운동을 거부하고 집에 틀어박힌다. '운동할 기분이 아냐. 땀이 나면 더 보기 싫을 것 아니야?'	운동으로 기분을 전환한다. '이제부터는 걸어서 출근해야지. 그럼 더 활기차게 생활할 수 있을 테니까.'
몸을 받아들이지 않는다. '이런 피부가 아니라면 얼마나 좋을까. 남자친구도 생겼을 텐데.'	몸에게 감사한다. '이렇게 오랫동안 나를 잘 도와주고 있으니 고맙다.'

나 스스로 만든 '오늘의 과제'

오늘부터 나는 _____ 할 것이다.

날짜_____ 서명_____

What's Holding You Back?

6부

나는 중요한 사람이다

공헌Contribution, 삶을 가치 있게

인생의 목표는 '목표를 가진 삶'이다.

– 로버트 번Robert Byrne(정치인)

누군가에게 공헌한다는 것

:: 오늘을 위한 한마디

성공한 사람보다 가치 있는 사람이 되려고 노력해야 한다.

– 앨버트 아인슈타인(물리학자)

오늘은 남에게 긍정적인 영향을 주고 베풀기 위해 어떻게 할 것인지 구체적인 방법을 정해보자. 이 장에서 소개하는 '4E'를 통해 도움을 받을 수 있다. 윈스턴 처칠은 "먹고사는 일은 얻어내며 해결할 수 있지만 가치 있는 삶은 내어주어야 비로소 가능하다"고 하였다. 누군가에게 영향을 주며 공헌하는 일은 자신감을 강화시킨다.

남들을 위한 봉사는 세상에서 우리가 차지한 공간에 대해 치르는 세금이다. — 윈프레드 그렌펠Winfred Grenfell(의료 선교사)

당신은 왜 살고 있는가? 아침에 눈을 뜨면 하루가 기대되는가? 목적 없는 행동은 무의미하다고 한다. 당신의 행동은 어떤 목적으로 의미를 갖는가? 당신의 삶이 중요하다고 느끼는가?

자기가 가치 있는 존재라는 것을 깨닫는 가장 확실한 방법은 봉사이다. 당신은 어떤 봉사를 하고 있는가?

공헌을 중단한 순간부터 우리는 죽기 시작한다.

— 엘리노어 루스벨트(사회운동가)

그렇다. 바꿔 말하면 우리는 공헌하기 시작함으로써 진정한 삶을 살게 된다. 굳이 진정한 삶을 추구할 필요는 없다고, 어떻든 우리는 이미 존재하고 있다고 생각하는가? 나는 그렇게 생각하지 않는다. 고리타분하게 들릴지 모르지만 우리는 세상에 태어나 살아갈 기회를 얻었고, 받은 만큼 돌려줘야 할 의무가 있다.

더 이상 공헌할 일이 없어진 생활을 경험한 어느 노신사의 이야기를 들어보자. "평생 은퇴할 날을 손꼽아 기다렸어요. 그러면 출근하지 않아도 되고 직장 사람들에게 시달리지 않아도 될 테니까요. 은퇴

후 첫해는 즐거웠답니다. 골프도 치고 아내와 함께 크루즈 여행도 했어요. 자식들과 손자들을 데리고 디즈니랜드에도 다녀왔지요. 하지만 시간이 지나자 다 시들해졌어요. 삶이 휴가가 되자 더 이상 즐길 수가 없더군요. 게을러졌고 그럴수록 나 자신이 싫어졌어요."

그는 어느 날 아내에게서 지역 보이 스카우트가 해체될 위기라는 말을 들었다. 단장을 맡았던 사람이 다른 곳으로 이사 갔는데 후임자가 없다는 것이다. 그 역시 예전에 보이 스카우트 활동을 했고 자식들도 보냈었기 때문에, 이 활동이 아이들에게 얼마나 중요한지 잘 알고 있었다. 아내는 그에게 단장을 맡으라고 권했고, 처음에는 망설였지만 결국 맡기로 했다.

"저는 아이들을 이끌고 견학이며 캠프며 여기저기 다니기 시작했어요. 우리 단체가 대회에서 상을 탔을 때는 정말 기뻤지요. 크루즈 여행을 다 합친 것보다 보이 스카우트 단장 일이 더 재미있다니까요. 이제 다시 아침에 기운차게 일어날 이유가 생긴 겁니다."

이 노신사야말로 "영원한 휴가는 지옥이다"라는 조지 버나드 쇼 George Bernard Shaw의 말을 몸소 체험했던 것이 아닐까.

진흙탕 같은 세상을 좀 더 좋은 곳으로 만들어 후대에게 물려준다는 목표가 없다면 삶에 무슨 가치가 있을까? – 윈스턴 처칠(정치인)

언젠가 백만장자인 부동산 업자가 나의 워크숍에 참석했던 일이 있었다. 그는 바라는 것을 다 가졌지만 그 무엇도 소중하지 않다고 털어놓았다. 요트를 타고 세계에서 가장 좋은 식당에 다니며 최고의 미녀들과 만나지만, 여전히 삶이 재미없다고 했다.

이어 그는 "저는 '세상엔 오직 한 가지 성공만 있다. 자신의 인생을 자신의 방식으로 사는 것이다'라는 배우 크리스토퍼 몰리Christopher Morley의 말을 믿었습니다. 하지만 지금 저는 내키는 대로 살면서도 성공했다는 생각이 들지 않습니다"라고 고백했다. 다른 워크숍 참석자들은 백만장자를 이해하지 못했다. 자기한테 그런 돈이 있다면 불평이라고는 한 점도 없이 마냥 행복할 거라고 생각한 탓이다.

성공한 삶이라고 하면 우리는 흔히 부와 명예, 여행, 화려한 생활 등을 꼽는다. 그리고 그런 삶을 추구한다. 하지만 결과적으로 그것이 표면적인 성공에 불과하다는 사실을 깨닫는다. 겉으로는 모든 것을 다 가진다 해도 내면은 공허하기 때문이다. 나 다음으로 살아갈 누군가를 위해 보다 좋은 세상을 만드는 것, 그렇게 공헌하는 데 진정한 성공이 있다.

나는 백만장자에게 삶을 다르게 바라보라고 조언했다. 지루하게 시간을 보내는 대신 세상을 바꿀 기회를 가졌다는 사실을 기뻐하라고 말이다. 여태까지 남들의 봉사를 받으며 살아왔다면 이제는 스스로 봉사를 시작할 때인 것 같다고 덧붙였다. 혹시 관심 있는 분야가 있는지 물었더니 그는 막 사업을 시작한 젊은 기업인들을 돕고 싶다고 했다.

이후 그는 기금을 만들어 기업인들을 교육시키고 창업을 돕는 인큐베이터 사업을 시작했다. 공헌하고 되돌려주며 겉보기에만 그럴싸했던 성공을 진정한 성공으로 전환시킨 것이다.

사랑이란 그 대상이 사라질 수도 있음을 깨닫는 것이다.

– G. K. 체스터튼(작가)

원고 마감에 쫓기며 바쁘게 일할 때마다 나는 늘 힘에 부쳤다. 그럴 때면 세상 모든 것이 사라져 혼자서 조용히 일에만 매달렸으면 좋겠다는 생각도 들었다. 언젠가 동료이자 전문 강연자인 매기가 내게 어떻게 지내냐며 한마디로 내 삶을 정리해보라고 물어본 적이 있다. 나는 그때 '혼란'이라고 대답했다. 말 그대로 혼란스러운 시절이었기 때문이다.

"아니, 왜?" 내 대답에 매기가 놀란 듯 눈을 커다랗게 떴다.

"집에서 두 아들과 어울려 지내다 보면 왜 이런 소중한 아이들을 버려두고 몇 주씩 출장을 다니는지 모르겠다는 생각이 들거든. 하지만 막상 이렇게 출장을 와서 사람들을 만나면 새로운 아이디어로 머릿속이 가득 차고 신이 나. 내 반쪽은 집에서 엄마 노릇을 하고 싶은데, 나머지 반쪽은 또 간절히 일을 하고 싶어 하잖아."

매기는 실의에 빠진 내게 이렇게 조언해주었다. "네가 삶을 어떻게 정의하느냐에 따라 그 방향이 결정되는 법이야. 혼란스럽다고 한다면 앞으로도 혼란을 벗어나지 못할 거야. 좀 더 긍정적으로 삶을 바라볼 필요가 있겠어."

그 후 며칠 동안 나는 곰곰이 생각해보았다. 매기 말이 옳았다. 긍정적인 정의가 필요했다. 어느 날 문득 좋은 단어가 떠올랐고 나는 지체 없이 매기에게 전화를 했다. "생각났어. 내 삶은 '혼란'이 아니라 '축복'이야. 엄마로서, 강연자로서 두 세상을 오가지만 양쪽에서 최고의 기쁨을 누리고 있거든."

내키는 대로 사는 삶이란 어떻게 보면 나를 필요로 하는 사람이 아무도 없다는 뜻이기도 하다. 그런 삶보다는 내 삶에 관심을 가지는 사람, 내 시간과 관심을 바라는 사람들과 함께 하는 삶이 훨씬 더 좋지 않을까. 나는 마침내 실타래처럼 엉켜있던 마음속을 정리할 수 있었다. 이제 마감에 쫓기는 상황에서도 나를 방해하는 것들이 모조리 사라지기를 바라지 않는다. 세상이 다 사라지면 내 삶에 남은 것은 일뿐이지 않은가. 그렇게 본다면 방해는 결국 축복인 셈이다.

필요로 하는 것을 찾아 온 세상을 떠돌던 사람은 마침내 집에 돌아와 서야 그것을 찾는다. – 조지 무어George A. Moore(시인)

수많은 사람을 만나고 이야기를 나누면서 나는 자신감이 곧 '내면 의 성취'라는 사실을 깨달았다. 핵심은 우리를 행복하게 해줄 무언가 를 찾는 것이 아니다. 자신과 남들을 모두 행복하게 만드는 누군가가 되는 것이다. 이를 위해서 우선 당신을 바꿔 놓은 사람이 누구였는지 생각해보아야 한다.

당신에게 가장 큰 영향을 준 사람은 누구였는가? 가장 큰 감동을 안겨준 사람은? 평생 곁에 있던 사람일 수도 있고, 단 5분 만났던 사 람일 수도 있다. 여러 사람으로부터 자기에게 영향을 준 부모, 교 사, 성직자, 형제자매, 배우자 이야기를 들으면서 나는 흥미로운 공 통점을 발견했다. 나이나 성별 등은 제각각이지만 영향을 주는 방 식은 일맥상통했다. 상대에게 본받을만한 사례Example가 되며, 용기 Encouragement를 북돋아주고, 뛰어넘도록 할 뿐 아니라Excellence, 교육 Education한다는 사실이었다. 나는 이 네 가지 공통점에 '4E'라는 이름 을 붙였다.

● 본받을 사례가 된다

우리는 남의 행동과 생각을 존경하면서 '나도 저렇게 되어야겠다'라 고 결심한다. 혹은 마음에 들지 않는 행동과 생각을 보면서 '나는 저

러지 말아야겠다'라고 결심하기도 한다.

● 용기를 북돋아준다

이는 상대를 믿고 "넌 할 수 있어"라고 말해주는 행동이다. 격려는 영혼의 산소라고 한다. 격려하는 사람은 상대가 숨 쉴 수 있도록 산소를 공급해주는 셈이다. 그러한 믿음과 격려에 힘입어 사람들은 결국 스스로에 대한 확신을 이끌어낸다.

● 뛰어넘도록 돕는다

누군가가 더 나은 성과를 거둘 수 있도록 한 단계 높은 기준을 세워주는 행동이다. 이렇게 되면 게으름을 피울 수 없다. 상대는 처음에는 이런 사람을 싫어할 수도 있다. 하지만 궁극적으로 자신의 잠재력을 실현하게 해주기 때문에 크나큰 도움을 얻게 된다.

● 교육한다

세상에는 우리가 할 수 있다고 느끼게 해주며 지식까지 넓힐 수 있도록 정보를 제공하는 선생님들이 있다.

당신에게 가장 큰 영향을 준 사람은 위의 4E 중 어떤 면에 치중했는가? 아마도 한 면만이 아니라 여러 면이 섞여있을 것이다. 앞으로는 당신이 어떻게 4E를 통해 남들에게 긍정적으로 영향을 미칠 수 있을지 고민해야 한다.

나는 실패하지 않았다. 나쁜 사례를 만드는 데 성공했으니까.

- 그래피티 벽화의 문구

"긍정적인 역할 모델은 생각나지 않아요. 하지만 나는 절대로 저렇게 되지 말아야겠다고 결심하게 만든 부정적인 역할 모델은 있었지요"라고 말하는 사람들도 많다. 이 역시 중요하다. 가령 가족을 때리고 학대하는 아버지를 보면서 자란 아들은 좋은 아버지가 되기 위해 노력한다. 어쩌면 그 아버지는 아들에게 교훈과 경계를 주기 위한 존재였는지도 모른다. 운동 코치에게서 받은 상처를 반면교사로 삼은 경우도 있다.

"중학생 때 전 늘 후보 선수였어요. 운동을 좋아했지만 잘하지 못했거든요. 체력 검사를 했을 때 저는 공 던지기도, 멀리뛰기도 꼴찌 수준이었지요. 하지만 오래달리기 차례가 되었을 때 이제야말로 상황을 역전해보겠다고 마음먹었어요. 친구들은 처음부터 속도를 내서 달렸지요. 그래도 전 제 페이스를 유지했어요. 끝까지 전력 질주하지는 못한다는 걸 알았거든요."

예상대로 친구들은 곧 지쳤고, 그는 속도를 올렸다. 숨이 끊어질 것 같았지만 최선을 다했고, 결국 1등으로 결승선에 들어왔다. 코치 선생님은 제대로 전략을 세우지 못한 다른 친구들을 나무랐고, 또 위로해주었다. 그는 칭찬받을 기대에 부풀었지만 어쩐 일인지 코치 선생님은 그에게 눈길 한 번 주지 않았다.

"그날 저는 앞으로 어른이 되면 편애는 절대로 하지 않겠다고 생각했어요. 꼴찌라도 최선을 다했다면 격려해주겠다고요. 지금 저는 체육 교사로 일하고 있습니다. 그리고 맡은 학생들 한 명 한 명에게 관심을 기울이죠. 열심히 노력한 아이는 칭찬받을 자격이 있으니 한껏 칭찬해준답니다. 당시에는 몰랐지만 결국 코치 선생님은 제게 좋은 영향을 주었던 셈이에요. 20년 전의 그 일 때문에 저는 학생들을 더 배려하는 선생님이 되었으니까요."

베푸는 사람이 되려면 어떻게 해야 할까?

엘리는 성공한 기업인의 아내이다. 덕분에 늘 호화로운 생활을 누린다. 하지만 그런 생활이 지루해진 엘리는 이제 무언가 의미 있는 일을 하고 싶다.

방해가 되는 말과 행동	도움이 되는 말과 행동
편안한 삶이 좋은 삶이라 생각한다. '어떤 옷에 어떤 구두를 맞춰 신을지가 제일 큰 고민거리일 정도잖아.'	목적을 가진 삶이 좋은 삶이라 생각한다. '사회를 조금이라도 변화시킬 수 있는 일을 찾겠어.'
표면적 성공에 집중한다. '여행이라도 떠나야겠어. 그럼 기분이 나아질 거야.'	내면적 성공에 집중한다. '고등학생일 때 난 연극을 좋아했지. 어쩌면 극장에는 자원봉사자가 필요할지도 몰라.'
무엇에도 열정을 느끼지 못한다. '재미있는 것이 없어. 이렇게 가진 것이 많은데 왜 이다지도 지루할까?'	가치를 더하는 데 열정을 느낀다. '돈이 없어 연극 수업을 받을 수 없는 학생들을 위한 장학금을 제안해봐야지.'
되돌려줘야 할 의무를 느끼지 않는다. '나는 누구의 도움도 받지 못했어. 그런데 왜 남들을 걱정해야 하지?'	되돌려줘야 할 의무를 느낀다. '많은 이들이 내게 긍정적인 영향을 미쳤지. 이제 나도 받은 것을 돌려줘야해.'

나 스스로 만든 '오늘의 과제'

오늘부터 나는 _____ 할 것이다.

날짜_____ 서명_____

Day
22

긍정적인 사람의 힘

:: **오늘을 위한 한마디**

위대함은 소유나 권력, 지위에 있지 않다. 선함, 겸손, 봉사에 숨어 있다. – 윌리엄 워드William Ward(선교사)

일상의 행동을 이끌어줄 지침을 만들어보자. 실천에 옮기기 쉬운 원칙을 세우는 것이다. 어떻게 시작하면 좋을지 모르겠다면 이 책에 제시된 명언들을 훑어보라. 만든 지침은 자주 볼 수 있는 곳에 붙여두어라. 볼 때마다 어떻게 모범이 될 수 있을지 고민할 기회가 생긴다.

남에게 영향을 주려면 먼저 나부터 모범이 되어야 한다. 그것이 유일한 방법이다. – 앨버트 슈바이처Albert Schweitzer(의사)

당신은 사람들에게 어떤 사례가 되고 있는가? 당신의 직장 동료들에게 당신이 어떤 사람이냐고 물어보면 어떤 대답이 나올 것 같은가? 또 가족들은 어떻게 답할 것 같은가?

잠시 자기 마음속을 빠져나와 다른 사람의 눈으로 자신을 바라보라. 우리는 흔히 자기감정에 사로잡혀 모든 행동을 정당화하기 일쑤이다. '지난밤에 잠을 설쳐서 신경이 곤두서있는 거야', '그 사람 때문에 마감을 맞추지 못했으니 고함을 지른 것도 당연하지' 등등……. 내가 왜 신경질적으로 행동을 하는지 나는 잘 알고 있다. 하지만 남들은 모른다. 내가 나의 행동을 해석하는 감정 렌즈가 남들에게는 없기 때문이다.

남의 눈을 통해 나를 바라보는 것은 깜짝 놀랄 경험이 되어준다. 언젠가 내가 그랬듯이 말이다. 초등학생이던 나의 큰아들은 어느 날 부모님에 대한 다양한 질문에 답하라는 숙제를 들고 왔다. 그중에 '어머니가 가장 좋아하는 일이나 취미는 무엇인가?'라는 질문도 있었다. 우리 아들이 뭐라고 답했는지 아는가? '전화'였다! 나는 따로 사무실이 없었고, 집에서 주로 전화로 업무를 처리했다. 아들이 보기에 나는 늘 전화통을 붙잡고 있는 모습이었다. 그래서 '우리 엄마는 전화를 좋아한다'라는 결론을 내렸던 것이다. 이 경험을 통해 나는 행동이 메시지를 전달한다는 점을 새삼 깨달을 수 있었다.

당신의 행동은 어떤 메시지를 전달하는가? 긍정적이며 훌륭한 사례가 되고 있는가?

즐거운 마음은 햇살과도 같이 주변을 비쳐준다. – 조셉 애디슨(시인)

내 친구의 직장에서 코니라는 동료가 정년퇴직을 하게 되었다. 마지막으로 출근하는 날, 코니가 자기 자리로 가보니 풍선과 꽃다발, 선물, 케이크 등이 잔뜩 놓여있었다. 동료들의 선물이었다.

동료들은 코니의 밝고 긍정적인 성품에 감사 인사를 전했다. 늘 공정하고 예의 바른 코니와 한 직장에서 일할 수 있었던 것이 행운이라고도 했다. 비서 한 사람은 코니의 따뜻한 미소와 사려 깊은 아침 인사를 받는 때가 하루 중 가장 기쁜 순간인 적이 많았다고 털어놓았다. 정작 코니는 자신이 주변 사람들에게 긍정적으로 영향을 미쳤다는 사실을 믿을 수가 없었다.

"예의 바른 인간으로 행동하는 것만으로도 영웅이다." 시인 메이 사튼May Sarton의 말이다. 요즘은 정말로 그런 것 같다. 영웅이라고 하면 위험에 용감하게 맞서 큰 공을 남기는 사람만 연상하는가? 실제로 많은 사람들은 일상의 온갖 난관을 도덕적으로 성실하게 처리하는 이를 영웅이라 생각한다.

특히 직장에 이런 사람이 있다면, 코니처럼 모두에게 따뜻한 미소를 보내면서 모범적으로 행동하는 사람이 있다면, 일터는 더 이상 삭막하지 않을 것이다. 하지만 안타깝게도 그렇지 않은 경우가 더 많다. 당신도 잘 알고 있겠지만 상사가 소인배라면 상황은 더욱 힘들어지기 십상이다.

당신의 직장이나 가정에서는 누가 주변을 따뜻하게 만들고 있는가? 당신인가? 당신은 그런 사람이 될 수 있는가? 모두가 하는 대로 따라가는 대신 새로운 모범을 보일 수 있겠는가?

노동은 양심이라는 천상의 불꽃을 꺼뜨리지 않게 살려낸다.

– 조지 워싱턴George Washington(미국 초대 대통령)

양심이란 무엇인가? 도덕적으로 올바른 것, 선한 것을 추구하는 마음이다. 바르게 행동하고 모범이 되고자 하는 목표에 딱 들어맞는 개념이 아닌가?

하지만 워크숍에서 내가 '양심'이라는 단어를 사용하면 회의적인 반응이 더 많다. 너무 구시대적인 용어라는 말도 나온다. 어떻게 하면 남의 것을 더 많이 빼앗을 것인가에 골몰하는 요즘 시대에는 도무지 어울리지 않는다는 의견도 있다. 내가 억울한 일을 당하지만 않는다면 누가 어떤 행동을 하든 괜찮다는 것이 우리 시대의 지배적인 생각인 것일까?

정말 그런지도 모르겠다. 당신 역시 그렇게 따라갈 수밖에 없다고 생각하는가? 그러나 가능한 한 남의 것을 더 많이 빼앗을 생각에 골몰하면서 과연 스스로를 제대로 존중할 수 있을까? 알면서도 그릇된 행동을 할 때 우리 내면의 고요한 중심이 유지될 수 있을까?

진정한 자신감은 아무도 알아주지 않는다 해도 올바른 일을 계속하는 것이다. 남들은 그렇게 하지 않을 때에도 홀로 올바르게 행동하는 것이다. 행동의 결과가 노력과 달리 허무하게 나타난다 해도 포기하지 않는 것이다.

남에게서 최선을 찾는가? 최선은 내 안에 있다. - 무명 씨

도덕적 가치가 설 자리를 잃은 현대 사회에서 살아가자면 자신을 인도할 심지 굳은 지도가 필요하다. 삶의 가치를 분명히 하고 그것을 지표로 삼아야 한다. 그래서 나는 워크숍 참석자들에게 "당신의 철학은 무엇입니까?"라는 질문을 던지곤 한다. 험난한 삶에서 스스로 중심을 잡고 길을 인도해줄 한마디, 한 문장이 필요하기 때문이다. 처음에는 대부분의 참석자들이 좀처럼 대답을 하지 못한다. 그러나 10분 정도 시간을 주면 대부분이 한 문장을 만들어낸다.

한 여성 참석자는 '가능한 한 많은 사람에게 긍정적인 변화를 이끌어낸다'라는 인생 지침을 만들었다. 그리고 자기 지침을 소개하면서 이렇게 덧붙였다. "놀라운 사실을 한 가지 발견했답니다. 지난 금요일 밤에 남편과 저는 어떤 영화를 볼까 의논하면서 비디오 대여점에서 거의 30분을 보냈거든요. 인생을 어떻게 살아야 할지 지침을 만드는 것보다 영화 고르는 데 더 많은 시간을 쓴 셈이지요!"

당신의 길을 인도하는 한 문장은 무엇인가? 너무 길게 만들지는 말라. 또 명료하면 명료할수록 좋다. 그렇게 만들어낸 문장을 책상 앞에 붙여두면 어떨까. 도덕적 갈등에 빠졌을 때 그 문장을 바라보면서 올바른 방향을 결정할 수 있으리라.

스스로 모범이 되기 위한 행동 계획은?

제인의 직장에서는 다들 사장을 싫어해 험담을 늘어놓곤 한다. 사실 제인은 자기를 고용하고 월급을 주는 사장에 대해 너무 심하게 말하는 것은 옳지 않은 행동이라고 생각한다. 그러나 드러내 말할 용기는 없다.

방해가 되는 말과 행동	도움이 되는 말과 행동
도덕적으로 회피한다. '다들 험담을 하잖아. 나라고 안 된다는 법은 없어.'	도덕적 사고를 추구한다. '모두들 그렇게 한다고 해서 그게 옳은 일은 아니야.'
가치의 혼란을 야기한다. '난 괜찮을 거야. 내가 뭐라고 했는지 사장이 알 게 뭐람.'	명료한 가치를 따른다. '난 올바로 행동하고 싶어. 험담은 올바른 행동이 아니야.'
확신이 없다. '동료들이 다 그러니까 해도 괜찮아. 다들 똑같이 생각하잖아?'	확신을 갖는다. '험담은 누구에게도 도움이 되지 않아. 그러니 할 필요가 없는 거야.'
원칙이 없어 충동적으로 행동한다. '나도 지난주에 겪었던 일을 좀 과장해서 떠들어야겠다.'	충동에 좌우되지 않고 원칙을 지킨다. "뒤에서 불평하지 말고 사장한테 우리가 뭘 원하는지 직접 이야기하면 어떨까?"
철학이 없다. "정말 이상한 인간이야. 어떻게 사장까지 되었는지 이해할 수가 없어."	철학 지침을 만들어 붙인다. '내 지침을 써서 매일 볼 수 있는 곳에 붙여두겠어.'

나 스스로 만든 '오늘의 과제'

오늘부터 나는 _____ 할 것이다.

날짜_____ 서명_____

"잘했어! 바로 그렇게 하는 거야."

:: 오늘을 위한 한마디

훌륭한 행동을 한 사람에게는 박수를 쳐줘라! 그럼 두 사람이 행복해진다. – 새뮤얼 골드윈(영화 제작자)

박수를 받을만한 사람을 떠올려보라. 어려운 문제를 해결했지만 제대로 인정받지 못하고 넘어가버린 직장 동료는 없는가? 늘 친절한 커피숍 점원은? 오늘부터는 매일 최소한 두 명에게 칭찬과 격려, 혹은 감사 인사를 전해보자. 감사 인사의 요건을 갖춰 상대가 진심을 알도록 해야 한다.

친절한 행동을 하고 나면 기분이 좋아진다. 마치 내 속의 무언가가 '잘했어! 바로 그렇게 하는 거야'라고 칭찬하듯이.

– 해롤드 쿠시너Harold Kushner(랍비)

《칭찬은 고래도 춤추게 한다》라는 책이 한때 큰 관심을 끌었다. 자, 당신은 최근에 어떤 칭찬을 받았는가? 당신을 춤추게 만들 만큼 벅찬 격려의 말을 들은 지 얼마나 되었는가?

"15년 동안이나 같은 직장에서 일했지만 언제 칭찬을 들었는지 기억도 나지 않을 정도예요"라고 푸념한 워크숍 참석자가 있었다. 혹시 당신도 마찬가지인가? 과거에 받은 칭찬이 이미 유효 기간이 한참 지났는데도 아직 새로운 칭찬을 받지 못한 상황인가?

심리학자 윌리엄 제임스는 "인간 본성의 가장 깊은 욕구는 칭찬과 인정을 받고 싶은 것이다"라고 하였다. 모름지기 칭찬은 지속적인 욕구이다. 칭찬 한 번으로 끝이 아니라는 뜻이다. 계속 칭찬받지 못하면 우리는 관심받지 못한다고 느낀다. 그리고 인정받지 못한 노력은 가치 없다고 느끼기 십상이다.

감사 인사는 모든 미덕 중 최고이며, 모든 미덕의 원천이다.

— 키케로Cicero(로마 정치가)

실제로 받은 호의나 배려에 대한 감사 인사를 할 줄 아는 것은 자신감의 핵심 요소이기도 하다. 자신감 있는 사람들은 자기 삶을 좋아한다. 삶을 좋아하려면 좋은 일, 고마운 일을 제대로 인식할 줄 알아야한다. 그저 고맙다고 느끼는 것만으로는 충분치 않다. 표현해야 한다. 호의나 배려 덕분에 얼마나 즐거웠는지 적극적으로 알려야 하는 것이다. 남들이 내 마음을 다 읽을 수는 없다. 소리 내어 감사하지 않으면 내가 감사한다는 사실도 알지 못할 수 있다.

언젠가 어느 부부의 50주년 결혼 기념 파티에 참석한 적이 있다. 많은 친척과 친구가 모였고, 부부의 일생을 돌아보는 영상이 상영되었다. 손님들의 축하 인사가 끝나갈 즈음 아내가 남편을 보며 말했다. "내 평생 가장 멋진 날이에요. 하지만 저는 아직 제일 바라던 선물을 받지 못했어요."

남편이 그게 무엇이냐고 놀라 물었다. "당신이 아직 절 사랑한다고 말해주지 않았잖아요." 남편은 "나 참, 그러니까 내가 당신과 결혼한 게 아니겠소?"라고 키득거리다가 아내의 실망한 얼굴을 보고 농담할 상황이 아니라는 걸 깨달았다. 곧 남편은 아내를 따뜻하게 안아주며 사랑한다고 말했다. 아내는 결혼 50년 만에 드디어 그토록 원하던 말을 들은 것이다.

당신 주변에도 당신으로부터 사랑한다는 말을 기다리는 누군가가 있지 않을까? 우리는 행동이 곧 말을 대신한다고 생각하곤 한다. 하지만 그렇지 않다. 이제 "나는 사랑받고 싶고, 더 나아가 사랑한다는 고백을 듣고 싶다"라고 했던 작가 조지 엘리엇의 말을 다시 읊조려야 할 때다.

> **당신이 상대에게 축복이 되도록 하라. 친절한 미소, 따뜻한 다독거림이 상대를 벼랑에서 구해줄 것이다.** – 카멜리아 엘리엇Carmelia Elliott(작가)

감사 인사를 하는 데 익숙하지 않아서 고민인가? 인사를 전하는 데는 요령이 필요하다. 그런데 세상에는 그 요령을 모르는 사람이 생각보다 많다. 감사 인사를 잘 전하기 위해 기억해야 할 여섯 가지를 소개해보겠다.

● 구체적으로 한다

"제가 이제까지 본 중에 제일 예쁜 원피스네요" 혹은 "제가 참석해본 중 가장 멋진 회의였습니다" 같은 과장된 칭찬은 '진짜일까?'하는 반응만 불러일으킨다. 무엇이 어떻게 좋았는지 구체적으로 언급하지 않는다면 인사치레로 들리기 십상이다.

이렇게 말해보면 어떨까? "원피스가 멋지네요. 여성스러우면서도 지적인 분위기를 풍겨요"라든가 "주제에 집중하여 토론이 이루어지도록 잘 조직해주셔서 고맙습니다." 훨씬 진심 어린 인사로 받아들여질 것이다.

● 그 순간에 한다

한 주간의 힘든 업무를 잘 끝냈다면 그 순간에 감사 인사를 받아야 한다. 몇 달 후가 되어서는 안 된다. 그 몇 달이 지나는 동안 자기 노력을 아무도 알아차리지 못했다는 생각에 상대는 이미 자포자기해버릴지도 모른다. "너무 빨리 인사를 전한다는 걱정은 할 필요가 없다. 금세 너무 늦어지기 때문이다"라고 한 랄프 왈도 에머슨의 말을 기억하길 바란다.

● 공개적인 칭찬이 좋을지 사적인 칭찬이 좋을지 판단한다

심리학자 하임 기너트Haim Ginott는 "부모가 남에게 자기를 칭찬하는 말을 듣게 하는 것, 이는 자녀가 발전하도록 하는 가장 좋은 방법이다"라고 하였다.

그런데 이렇게 남들 앞에서 공개적으로 칭찬받길 좋아하는 사람이 있는가 하면, 그렇지 않은 경우도 있다. 동료 앞에서 혼자서만 칭찬받는 것이 부담으로 다가올 수 있기 때문이다. 집단 전체의 분위기, 개인의 성향, 예상 반응 등을 검토하여 모두 보는 앞에서 칭찬하면 좋을지, 따로 불러 칭찬하면 좋을지 사려 깊게 결정해야 한다.

● 의구심이 들 수 있는 부분을 먼저 언급한다

당신이 칭찬에 인색한 사람이라면 왜 새삼스럽게 칭찬을 하는지 설명해야 한다. 그러면 혹시라도 다른 속셈이 있는 건 아닐까 하는 상대의 의구심이 해소된다. 가령 이런 것은 어떨까? "벌써 몇 달이나 지난 일에 대해 인사하는 게 이상할지 모르겠군. 다른 프로젝트가 시작된 후에야 자네가 얼마나 능숙하게 일을 처리했는지 깨달았기 때문이라네."

● 질문을 덧붙인다

감사 인사를 받은 사람들은 종종 어떻게 대응해야 할지 몰라 당황하곤 한다. "뭐, 별것 아니었어요"라거나 "그렇게 칭찬받을 일도 아닌걸요" 정도의 대답이 고작이다. 이럴 때는 "정말 멋진 회의였어요"라고 감사 인사를 전한 후, "어떻게 이야기가 곁가지로 흐르지 않도록 하신 거죠?"라는 질문을 덧붙여보자. 그러면 불편한 침묵을 피해 갈 수 있다. 상대도 즐거운 마음으로 정보를 나눠줄 것이다.

● '하지만'을 덧붙이지 않는다

기억하라. 감사 인사나 칭찬에 평가를 덧붙인다면 긍정적인 효과는 다 사라지고 만다. 칭찬과 비판이 함께 주어지는 경우 비판만 부각되기 마련이다. "브로슈어를 챙겨서 발송하느라 애썼네. 하지만 특판 광고지 넣는 건 잊어버렸군"이라고 말하는 것은 결코 칭찬이 아니다.

상대에게는 자기 실수를 지적하는 말로만 들리기 때문이다.

감사의 한마디는 태고부터 내려오는 최고의 치료제이다.

– 루이스 나이저Louis Nizer(변호사)

어느 워크숍 참석자가 내게 이렇게 하소연한 적이 있다.

"전 늘 남들을 칭찬해줘요. 근데 저도 이제 칭찬을 좀 받고 싶어요. 신경질적인 제 상사는 제가 처리하는 수십 가지 업무에 대해 단 한 번도 고맙다고 인사한 적이 없답니다. 반면 사소한 실수라도 하면 지적하느라 바쁘죠. 지난주에는 중요한 제품 홍보 발표회가 있었어요. 제가 준비와 발표를 맡았고, 여러 고객을 확보해냈지요. 그런데 발표회가 성공적으로 끝난 후 상사가 뭐라고 했는지 아세요? '다음에는 영상 자료 제작에 좀 더 신경을 써요. 너무 아마추어 같아서, 원.'"

가슴 아픈 이야기이다. 이런 경우 상사가 알아서 감사 인사를 해올 것이라는 기대는 접는 편이 좋다. 그런 일은 일어나지 않을 테니까. 그렇다고 말없이 계속 속상해하라는 뜻은 아니다. 이럴 경우 좀 더 균형 잡힌 피드백을 내 쪽에서 유도해보는 것도 괜찮다.

일단은 가시 돋친 말에 좌절하지 말고 성의 있게 답변하라. "맞아요. 영상 자료를 좀 더 세련되게 만들 필요가 있었습니다. 다음부터는 홍보팀의 도움을 받아 개선해보겠습니다"라고 말한 뒤, "프레젠테이션은 어떠셨나요?"라고 묻는 것이다. 부족한 점에 대한 지적을 수용하는 데 그치지 말고, 잘한 부분에 대한 의견도 확인하는 것이다.

당신도 주변에 늘 비판만 일삼는 사람이 있는가? "모든 것이 늘 그렇듯 엉망진창이지?"라고 말하는 사람 말이다. 그 사람에게는 당신이 잘한 일에 대해서도 솔직하게 물어보라. 목표는 그 사람의 습관적인 비판이 당신의 자아 존중감을 훼손시키지 않도록 하는 것이다.

격려와 칭찬, 감사는 자신감과 상승 작용을 일으킨다. 심리학자 너대니얼 브랜든은 "자존감이 높을수록 관대하고 남을 존중하는 사람이 된다"고 하였다. 역으로 남에게 친절을 베풀수록 자기 자신을 긍정적으로 느낄 수도 있다. 그리고 자신을 긍정적으로 느끼면 다시 상대를 긍정적으로 대하게 된다. 나는 이를 '칭찬의 순환'이라 부른다.

말로 하는 칭찬은 자신감을 키운다. 마음으로 하는 칭찬은 생각을 깊게 한다. – 노자(사상가)

워크숍 참석자 중에 고위급 공무원이 있었다. 그는 관료 조직에서 직원을 격려하고 동기 부여하는 일이 쉽지 않다고 털어놓았다. "남들보다 일을 더 많이, 더 잘하는 직원이 있지만 직급에 따라 월급은 정해져있습니다. 한편 일을 전혀 안 하다시피 하는 직원이라도 노조의 보호를 받기 때문에 해고를 당하지 않습니다."

관리자들과 직원들을 대상으로 이루어진 흥미로운 조사 결과가 있다. 직업 만족도를 결정하는 데 무엇이 가장 중요한지 다음 열 개 중에서 순위를 매기는 조사였다. 관리자들은 직원이 어떤 요소를 중요하게 여길 것 같은지 응답했고, 직원들은 스스로 중요하다고 생각하는 순위를 매겼다.

　결과를 보기 전에 당신도 다음 열 가지 요소의 순위를 한번 매겨보자. 제일 중요한 요소에는 1번, 가장 중요하지 않은 요소에는 10번을 주면 된다.

- 넉넉한 급여 ＿＿＿＿
- 직업 안정성 ＿＿＿＿
- 승진 ＿＿＿＿
- 좋은 업무 환경 ＿＿＿＿
- 흥미로운 업무 ＿＿＿＿
- 관리자들의 배려 ＿＿＿＿
- 교육과 훈련 기회 ＿＿＿＿
- 업무 성과에 대한 인정 ＿＿＿＿
- 인간적 유대 ＿＿＿＿
- 소속감 ＿＿＿＿

관리자들은 직원들이 넉넉한 급여, 직업 안정성, 승진을 가장 중시

할 것으로 생각했다. 하지만 직원들이 선택한 상위 요소 세 가지는 업무 성과에 대한 인정, 인간적 유대, 그리고 소속감이었다. 놀랍게도 직원들이 꼽은 요소들은 관리자들의 순위에서 최하위에 자리 잡고 있었다.

　많은 관리자들은 직원들의 사기를 진작시키기 위해 고민한다. 하지만 정작 무엇이 사기를 진작시키는지 제대로 이해하지 못하는 경우가 많다. 충분한 보수를 받고 승진을 제때 하면 만족할 것이라고 생각할 뿐이다. 실제로 직원들은 전혀 다른 것을 기대하는데도 말이다. 기업의 최고 경영자들에게는 반가운 결과이다. 월급을 올려주지 못한다 해도 다른 방법의 보상이 가능하다는 것을 알았을 테니 말이다. 물질적인 보상까지 뒤따른다면 더욱 좋겠지만, 불완전한 현재 체제에서도 상대를 인정하고 칭찬한다면 충분한 보상이 될 것이다.

용기를 북돋아주는 말과 행동은?

신디는 대도시로 이사했다. 주변 이웃 모두들 무뚝뚝하고 무례해 보인다. 신디는 자기부터라도 만나는 사람 모두를 다정하게 대하겠다고 결심했다.

방해가 되는 말과 행동	도움이 되는 말과 행동
불평만 한다. "한 시간 가까이 줄 서있었어요. 이런 식으로 고객을 대해서 되겠어요?"	격려를 아끼지 않는다. "이 많은 손님들의 요구를 다 잘 처리하다니 대단해요."
내 감정을 상대가 알 것이라 추측한다. '새로 이사 온 사람한테 인사도 해주고 신경을 좀 써야 하는 거 아냐?'	내 감정을 전달한다. "안녕하세요? 전 옆집으로 이사 온 신디라고 해요. 어느 슈퍼마켓이 좋은지 좀 알려주시겠어요?"
수줍어서 칭찬하지 못한다. '저 점원은 화장이 아주 세련됐다. 뭐, 굳이 내가 칭찬 안 해도 알고 있을 거야.'	칭찬의 말을 해준다. "화장을 아주 잘하시네요. 요령이 있으면 좀 알려주겠어요?"
상대의 불친절에 복수한다. '뭐 이런 택시 기사가 다 있어? 팁은 한 푼도 주지 말아야지!'	칭찬의 순환을 시도한다. "여기 오래 사셨나요? 꼭 가봐야 하는 멋진 곳이 있으면 좀 알려주세요."

나 스스로 만든 '오늘의 과제'

오늘부터 나는 _____ 할 것이다.

날짜_____ 서명_____

Day
24

호감 가는 사람보다
고마운 사람

지금 이 순간 내가 모든 잠재력을 다 발휘한다면 어떻게 될까?

– 릴리 톰린(배우)

자신이 모든 잠재력을 다 발휘한다고 여기는 사람은 별로 없다. 상대의 퇴보 혹은 정체 상태를 방관하지 않고 한 단계 넘어서도록 독려한다면 어떻게 될까? 오늘은 직장 동료나 가족 중에서 잠재력을 더 발휘하게끔 만들고 싶은 사람을 정해 지금부터 설명할 7단계 방법을 활용해보면 어떨까. 그들이 해야 할 일을 하도록 도와주자. 상대가 불평하고 원망하더라도 이겨내야 한다.

우리는 능력을 발현하도록 만들어줄 누군가를 늘 기다린다.

- 랄프 왈도 에머슨(시인)

당신이 한 단계 더 높은 곳에 이르도록 도와준 사람은 누구인가? 한계를 뛰어넘어 잠재력을 실현할 수 있도록 해준 사람은? 당시에는 이런 감독관을 좋아하지 않았을 가능성이 크다. 하지만 결국은 감사 인사를 전할 수밖에 없다. 그 감독관이 없었다면 이루지 못할 일이었다는 사실이 분명하기 때문이다.

고등학교 시절에 수영을 했다는 한 젊은이는 혹독하게 팀을 단련시켰던 코치를 떠올렸다.

"그 선생님은 노예 감독관이나 다름없었어요. 모든 훈련이 고문이었지요. 쉬지 않고 수영을 해야 했거든요. 마무리로 늘 10분 동안 스무 번씩 출발 연습을 반복했어요. 그 짧은 시간 동안 정신없이 물에 뛰어들었다가 다시 출발대에 서야 했어요. 훈련이 끝나면 손톱만큼도 기운이 없었지요. 하지만 그 덕분에 우리 팀은 개교 이래 처음으로 고교 대항전에서 우승했어요. 우리는 트로피를 선생님에게 바쳤답니다. 선생님이 아니었다면 불가능한 일이었으니까요."

좋든 싫든 해야 할 때 그 일을 하도록 하는 능력, 이는 가장 배우기 어려운 능력이다. – 토머스 헉슬리Thomas Huxley(생물학자)

우리는 모두 호감 가는 사람이 되고 싶어 한다. 하지만 남이 해야만 하는 일을 하도록 이끌 때에는 호감 가는 사람이 되기를 과감히 포기해야 한다. 이 때문에 감독관 역할의 중요성을 확신하지 못한다면 중간에 무너지기 쉽다. 상대가 항의하거나 사정할 때 굴복하지 않기 위해서는 힘들더라도 내 역할의 가치를 굳게 믿어야 한다. 조금이라도 굴복한다면 감독관 역할은 완전히 포기할 수밖에 없다.

아이들을 키울 때는 이 부분이 특히 중요하다. 워크숍에 참석했던 어느 피아니스트는 매일 피아노 연습을 시켰던 부모님에게 뒤늦게 감사한다고 했다.

"어릴 때는 피아노 연습이 정말 싫었어요. 저를 피아노 앞에 앉히려는 어머니와 매일 전쟁을 치르다시피 했지요. 제발 그만두게 해달라고 사정했지만 부모님은 제게 재능이 있다고 믿었고, 절대 게으르게 내버려두지 않았어요. 이제 저는 피아노 연주로 돈을 법니다. 하루 종일 회사에 나가는 대신 저녁에 몇 시간만 일하면 되는 좋은 일이지요. 그때 부모님이 제 불평과 하소연을 다 이겨내고 끝까지 고집을 부리신 게 얼마나 다행인지 몰라요."

나도 두 아들을 키우면서 엄격한 감독관의 역할을 자주 해야 했다. 텔레비전을 끄고 잠자리에 들도록 하는 일만 해도 쉽지 않았다. 약속한 시간이 되어도 아이들은 만화영화에 푹 빠져있기 마련이니까. 그럴 때는 설명하거나 타협하면 안 된다. 좋아하는 만화영화만 끝나면 자겠다느니, 좀 늦게 자더라도 내일은 일찍 일어나겠다느니 온갖 구실을 대기 십상이다. 때로는 싫더라도 약속한 일은 그대로 지켜야 한다는 점을 알려주는 엄격한 감독관 역할이 필요한 것이다.

한 여성 참석자도 자기가 만났던 물리치료사 이야기를 해주었다. "교통사고가 나서 두 다리가 다 망가졌어요. 주차장을 걸어가는데 차가 후진을 하면서 충돌하는 바람에 저는 두 차 사이에 끼어버렸지요. 몇 달 동안 병원을 들락거렸고 수술도 여러 차례 받았지만 의사는 제가 다시 걸을 수 있을지 모르겠다고 했어요. 저는 절망에 빠졌어요. 그런 신세가 된 저와 달리 사고 낸 운전사는 멀쩡한 상태였고, 변변한 사과도 하지 않았지요. 게다가 저를 맡은 물리치료사는 인정사정없는 사람이었어요. 지금 생각하면 아마 그런 상태에서는 동정이 아무 의미가 없다고 판단했던 모양이에요. 매일같이 절 한계에 이를 때까지 밀어붙였거든요."

너무 아프고 고통스러워 그녀는 제발 그만두게 해달라고 사정하기도 했다. 한 발짝 떼어놓기도 어려웠기 때문이다. 하지만 치료사는 들은 척도 하지 않았다. 결국 그녀는 휠체어를 타고 들어갔던 치료 센터에서 제 발로 걸어 나올 수 있었다. 지금은 그토록 자신을 괴롭혔던 물리치료사가 고마울 뿐이라고 말했다.

용감하다고 말해줘라. 그러면 용감해진다. – 토머스 칼라일Thomas Carlyle(역사가)

....

변화의 계기를 어떻게 마련해주면 좋을까? 상대의 능력을 한 단계 올리는 방법은 무엇일까? 늘 지각하는 직원이 제시간에 출근하도록 만들고 싶다고 하자. 다음 7단계를 밟아간다면 도움이 될 것이다.

1단계: 목표나 기준이 처음부터 합의된 상태인지 확인한다

그 직원이 취직했을 때, 혹은 당신 부서로 옮겨왔을 때 출근 시간을 준수하는 것이 중요하다는 점을 알려주었는가? 그저 8시 출근이 암묵적인 규정이라고만 인식하는 상태인가?

2단계: 목표나 기준이 일관성 있게 강조되었는지 확인한다

과거에 그 직원이 지각했을 때 아무런 제재나 주의가 없었다면 지각은 별것 아닌 일로 여겨지는 상황일 것이다. 지각한 일에 대해 꾸중을 듣는다 해도 '전에는 가만히 있더니 왜 지금은 법석을 떠는 거야?'라고 생각하는 것이 고작이다.

3단계: 목표나 기준이 합의되지 않았거나 제대로 강조되지 않았다면 잘못을 인정한다

"진작부터 출근 시간 이야기를 명확히 하지 않은 건 내 잘못입니다" 혹은 "처음 지각했을 때 이야기해야 했는데 잘못했군요"라고 일

단 자기 잘못을 인정해야 한다.

4단계: 행동이 변화되어야 하는 시점을 명확히 제시한다

당장 출근 시간이 앞당겨지기를 바라는 것은 무리이다. 직원은 교통편을 조정해야 할 수도 있고, 자녀가 있다면 더 빨리 문을 여는 놀이방으로 옮겨야 할지도 모른다. 언제까지 상황을 정리하고 정시 출근을 해야 하는지 함께 정하라.

5단계: 목표나 기준이 달성되지 않으면 어떤 결과가 생길지를 명확히 설명한다

"앞으로는 늦지 않는 게 좋을 거예요"라고 말하는 것으로는 별 효과가 없다. 다시 지각하게 되었을 때 어떤 결과가 빚어질지를 구체적으로 설명해야 한다. "9월 15일부터는 정확히 8시에 책상 앞에 앉아 고객을 맞이하도록 하세요. 5분 이상 지각하면 경고를 받을 겁니다. 한 달에 두 번 지각하면 사유서를 제출해야 합니다. 한 달에 세 번 지각하면 인사 평점에 반영하겠습니다."

정시 출근을 지킬 경우 주어지는 보상에 대해 언급해도 좋다. 물론 조직에 따라 상황은 다르다. 정시 출근이 당연한 의무일 수도 있고 보상받아야 할 일일 수도 있다.

6단계: "우리가 어떻게 합의했지요?"라고 되묻는다

"알겠습니까?"라고 묻지 말라. 이렇게 물으면 직원은 마지못해 고개를 끄덕일 것이다. 어떻게 하기로 약속했는지 직원이 스스로 말하도록 해야 한다. 그래야 합의가 이루어진 셈이다.

7단계: 다음에 만날 약속을 정한다

한 번 하고 지나가는 말이 아니라는 점을 인식시키려면 후속 조치가 있어야 한다. "10월 1일 9시에 만나 함께 출근 기록부를 확인해봅시다"라고 약속을 잡는다면 직원은 좀 더 책임감을 느낄 것이다.

자기 능력을 최대한 발휘하도록 하려면?

스테이시는 고등학교 교사로 응원단을 지도하고 있다. 응원단 아이들은 지역 대회에 나가고 싶어 하지만 얼마나 힘들게 준비해야 하는지 미처 깨닫지 못한 상태이다. 스테이시는 어떻게 학생들을 독려해야 할까?

방해가 되는 말과 행동	도움이 되는 말과 행동
나태하게 방치한다. "몇 가지 실수가 있긴 하지만 전반적으로는 괜찮은 수준이야."	목표를 제시한다. "실수 없이 끝까지 할 수 있도록 반복 연습을 해야 해."
포기하도록 한다. "날씨가 정말 덥군. 오늘은 좀 일찍 끝내자."	포기하지 못하게 한다. "대회 당일도 이렇게 더울 거야. 이런 날씨에 익숙해져야 해."
불평에 굴복한다. "하도 힘들다고 하니 어쩔 수가 없구나. 하긴, 이렇게 애쓸 이유가 어디 있겠니?"	불평을 이겨낸다. "지금은 내가 원망스럽겠지. 하지만 시상대에 올라서면 생각이 달라질 거야."
일관성을 유지하지 못한다. '제시카가 또 늦었군. 지적해봐야 말대답이나 들을 테니 가만두어야지!'	지적하고 훈육한다. "제시카, 잠깐 이야기 좀 할까? 응원 팀에서 계속 연습하고 싶다면 이제부터는 5분만 일찍 와주렴."

나 스스로 만든 '오늘의 과제'

오늘부터 나는 _____ 할 것이다.

날짜_____ 서명_____

남에게 나눠줄 것이 있어 행복하다

:: 오늘을 위한 한마디

지식은 나눠주기 위해 존재한다. – 랄프 왈도 에머슨(시인)

당신의 삶을 풍요롭게 해준 기술이나 능력을 찾고 그것을 남에게 전해줄 방법을 고민하는 것이 오늘의 과제이다. 당신의 지식을 어떻게 나눌 것인가? 어떻게 당신의 열정과 능력을 전해 남들을 좀 더 행복하게 만들 것인가? 헨리 포드는 "계속 배우는 사람은 늘 젊다"고 하였다. 계속 가르치는 사람도 마찬가지이다.

제대로 감사 인사를 전하지 못했다 해도 살아가면서 같은 행동으로 보답할 수 있다. – 앤 모로우 린드버그(여류 비행사)

당신은 존경하는 은사가 있는가? 특정 분야에 대한 열정을 전해준 선생님, 특정 직업에 관심을 갖도록 이끌어준 선생님은? 아마 그런 선생님은 지식과 기술보다는 태도를 가르쳐주었을 것이다. 어쩌면 당신이 또래 친구들의 시기나 질투, 따돌림을 극복하고 당당하게 설 수 있도록 해주었을지도 모른다. 그 은사에게 감사 편지를 보낸 적이 있는가? 그 선생님 덕분에 당신의 삶이 어떻게 변화했는지 알려드리면 얼마나 기뻐하실지 생각해보라. 자칫 하다가는 영영 기회를 잃어버릴 수도 있다. 어느 워크숍 참석자가 바로 그런 경우였다.

"결국 할아버지께 감사 인사를 하지 못한 채 떠나보내고 말았어요. 할아버지는 돌아가시기 전 마지막 몇 년 동안 우리 집에서 지냈는데 새벽마다 마당에서 태극권을 하셨지요. 그게 멋있어 보여서 저도 가르쳐달라고 졸랐어요. 우리는 함께 같은 동작을 하면서 새로운 하루를 시작하곤 했답니다. 그런데 할아버지는 제가 여행하느라 집을 비운 사이 돌아가시고 말았어요. 함께 보낸 새벽 시간이 제게 얼마나 소중했는지 말씀드리지도 못했는데 말이에요."

말로 보답하지 못한다면 행동으로 할 수 있다. 나는 그 참석자에게 양로원이나 체육관에서 자원봉사로 태극권을 지도해보면 어떻겠냐고 권했다. 할아버지가 가르쳐주셨던 대로 다른 사람을 가르치면서 그 행동을 이어갈 수 있기 때문이다.

지도자에 대한 최종 판단은 남은 사람들이 그 뜻을 이어갈 수 있는가에 달려있다. – 월터 리프먼Walter Lippmann(언론인)

　리프먼의 말을 조금 바꾸어보자. 교사에 대한 최종 판단 역시 학생들이 그 교사로부터 배운 자신감과 기술을 계속 이어갈 수 있는가에 달려있다. 나의 아버지는 고등학교에서 공업 교사로 일한 뒤 은퇴하셨다. 어느 날 우편물을 가지고 들어오신 아버지가 눈물을 흘리시기에 무슨 일인가 했더니 옛 제자가 보내온 편지 때문이었다.

　"선생님께서는 아마 저를 기억하지 못하실 겁니다. 저는 15년 전에 선생님의 용접 수업을 들었습니다. 그때 전 말썽꾼에 망나니였습니다. 다른 선생님들은 아무도 절 상대하지 않는데 선생님만이 관심을 보여주셨지요. 새 학기 첫 주에 선생님은 함께 말이 끄는 짐수레를 용접해보자고 하셨습니다. 전 선생님이 제정신이 아니라고 생각했습니다. 전 아무것도 모르는 초보였으니까요. 돌이켜보니 매일 공작실에서 보낸 50분이 제게는 가장 행복한 시간이었습니다. 마침내 짐수레가 완성되어 말에 매어보았을 때 제가 무언가 해냈다는 걸 믿기 어려웠습니다. 그 한 학기 동안 가르쳐주신 기술로 지금 저는 아내와 두 아들을 부양하고 있습니다. 저를 믿어주셔서 고맙습니다. 선생님 덕분에 행복해진 제자가 있다는 것을 알려드리고 싶었습니다."

인생의 가장 큰 목적은 죽은 뒤까지 남을 무언가를 위해 사는 것이라는 말이 있다. 아버지는 한 학기의 수업이 얼마나 오랜 영향을 남겼는지 확인하셨던 것이다.

지식이 있다면 다른 사람들이 그 지식으로 촛불을 켜게 하라.

— 마거릿 풀러Margaret Fuller(여권 운동가)

우리 아이들이 다니는 초등학교에 방과 후 체스 교실이 생겼다. 독학으로 체스를 익힌 애호가가 일주일에 두 번씩 학생들에게 체스를 가르치기로 한 것이다. 체스 대회에서 그 사람과 마주친 나는 어떻게 체스 교실을 시작하게 되었는지 물어보았다.

"전 새로운 기법을 익힌 아이들의 반짝거리는 눈빛이 좋습니다. 어려운 판세를 뚫고 가기 위해 고민하는 모습도 보기 좋지요. 제 부모님은 체스에 관심이 없었고 전 혼자 배울 수밖에 없었습니다. 제가 어렸을 때 누군가 옆에서 도와주었다면 얼마나 좋았을까 하는 생각 때문에 지금 이렇게 아이들을 찾게 되었습니다."

남에게 나눠줄 수 있는 당신의 능력은 무엇인가? "남에게 주지 않은 것은 결국 잃어버리게 된다"는 인도 속담이 있다. 줄 수 있는 것을 찾아보라. 그러지 않으면 잃어버리고 말지도 모른다.

다른 이를 가르치기 위한 행동 계획은?

헨리는 자동차 박사이다. 아버지와 함께 차고에서 오랜 시간을 보내며 기술을 익혔다. 지금은 버려진 차를 수리해 돈을 벌기도 한다. 그 능력을 남들에게 어떻게 나눠줄 수 있을까.

방해가 되는 말과 행동	도움이 되는 말과 행동
감사 인사를 뒤로 미룬다. '아버지는 내가 고마워한다는 걸 잘 알고 계실 거야.'	오늘 감사 인사를 전한다. '아버지께 편지를 써야겠다. 내가 얼마나 고마워하는지 알면 무척 기뻐하실 거야.'
기술을 혼자 간직한다. '사람들 앞에 서면 떨려서 말이 안 나와. 또 누가 관심이나 있겠어?'	남들에게 기술을 전수한다. '자기 차의 기본 관리를 어떻게 하는지 배우면 다들 좋아할 거야.'
교사 역할을 하지 못한다고 생각한다. '대학에 가서 공부한 사람이나 누굴 가르치는 거야. 난 자격이 없어.'	아는 것을 가르친다. '내가 아는 것만 알려주면 돼. 그러면 사람들이 도움을 받을 거야.'
자기 불안감에 초점을 맞춘다. '자동차 기본 관리법을 가르쳐주겠다고 했을 때 아무도 신청을 안 하면 어쩌지? 창피할 거야.'	남들에게 유용하리라는 생각에 초점을 맞춘다. '한두 명만 신청을 한다면 더 좋지. 질문도 받으면서 가르칠 수 있을 테니까.'
가르치는 데 관심이 없다. '요즘 애들은 우리 때와 달라. 자동차에는 관심이 없다고.'	학생을 찾아본다. '조카 녀석이 차에 관심이 있을 것 같아. 전화해봐야겠다.'

나 스스로 만든 '오늘의 과제'

오늘부터 나는 _____ 할 것이다.

날짜_____ 서명_____

What's Holding You Back?

7부

원하는 것을 하고,
가고 싶은 곳에 간다

용기Courage, 대담하게 나아갈 수 있는 마음

용기가 있느냐 없느냐에 따라 인생은 확대되기도 하고 축소되기도 한다.
— 아나이스 닌Anais Nin(작가)

Day
26

당신의 마음을
노래하게 만드는 것은 무엇인가?

하루하루가 선물이다. 어서 선물을 풀어보라. – 샘 혼Sam Horn(저자)

오늘은 삶의 제일 앞줄에 나가보는 게 어떨까. 삶이 만족스럽지 않다면 더 나아질 수 있는 방법을 찾아보자. 의미 있는 활동을 시작하고 싶은가? 주변 세상에 대해 다시 감탄해보면 어떨까? 불평을 그치고 당연하게 여겨왔던 일에 새삼 기뻐하는 것은? 주변의 모든 것이 당신을 위한 선물이다. 어서 열어보자.

인생은 우리가 자기를 꽉 붙잡고 "자, 어서 가자!"라고 외쳐주기를 기다린다. – 마야 안젤루(시인)

당신 인생의 방향타는 누가 잡고 있는가? 당신은 두 손으로 제대로 조종간을 잡고 있는가? 혹시 운전석이 아니라 뒷좌석에 타고 있는 것은 아닌가?

워크숍을 진행하다 보면 재미있는 현상을 자주 관찰한다. 강연장으로 들어와 앉는 참석자들은 두 부류로 나뉜다. 앞쪽 가운데 부분 의자를 골라 앉는 사람이 있고, 제일 뒷줄로 숨어 앉는 사람이 있다. 앞에 앉은 사람들은 눈을 빛내며 열심히 듣고 참여한다. 많은 것을 얻어가게 되리라는 기대감에 주의를 집중한다. 반면 뒤에 앉은 사람들은 팔짱을 끼고 회의적인 눈빛으로 앞을 쳐다본다. 모든 것은 앞에서 이끌어가는 사람에게 달려있다는 태도이다. 워크숍의 가치는 진행자 못지않게 참석자가 만들어간다는 점을 이해하지 못하는 것이다.

작가 조앤 디디언Joan Didion은 "자기 삶에 대한 책임을 기꺼이 지지 않는 한 자기 존중감은 생기지 않는다"라고 하였다. 당신은 앞줄에 앉는 사람인가, 뒷줄에 앉는 사람인가? 인생의 반은 주어지지만 나머지 반은 만들어간다고 한다. 자신감 있는 사람들은 경험에서 최대의 가치를 찾아내고 매일매일 최선을 다한다.

오늘날 너무나 많은 사람들이 절망스러운 아우성 속에서 살아간다.

— 제임스 터버James Thurber(작가)

당신은 자기 삶의 주인인가? 워크숍에 참석했던 한 공무원은 매일 매일 자기 영혼을 소진시키며 살고 있다고 털어놓았다. "원했던 삶과는 완전히 달라요. 제 삶에서 저는 없어요. 그저 안정적으로 월급을 받아 아내와 네 자식을 먹여 살리기 위해 사는 정도에 불과하거든요. 하루하루가 끔찍하지만 대안이 없으니 그냥 버틸 수밖에요."

나는 영혼을 위한 단 한 가지 활동으로도 상황이 훨씬 나아질 수 있다고 조언해주었다. 사표를 내는 과격한 행동만이 해결책은 아니다. 전반적으로 마음에 들지 않는 삶이라 해도 만족스러운 부분을 하나쯤 끼워넣는 것으로 보상을 받을 수 있기 때문이다. 그 공무원에게 좋아하는 일이 무엇이냐고 물었더니, 예전에 노래를 즐겨했다는 대답이 나왔다. 나는 지역 합창단이나 성가대에 들어가보라고 권했다. 1년 후 또 다른 워크숍에서 만난 그는 전과는 사뭇 다른 모습이었다.

"막다른 골목에 갇혀버린 것 같았던 그 상황에서 저는 뒤늦게 깨달았습니다. 제 직장은 월급을 줄 뿐 아니라 매일 여섯 시간의 여가, 그리고 제 마음대로 쓸 수 있는 주말을 주고 있다는 것을요. 저는 합창단에 가입했고, 거기서 만난 세 친구와 중창단도 만들었습니다. 다들 실력이 좋다고 할 수는 없지만 노래를 좋아하는 사람들이지요. 우리는 양로원이나 생일 파티 같은 곳에서 노래를 부릅니다. 12월에는

150명 규모 합창단의 일원으로 콘서트홀에서 헨델의 〈메시아〉를 공연하기도 했답니다. 오케스트라와 합창단이 어우러지는 가운데 노래를 부르던 그때는 제 생애 최고의 순간이었어요."

"신은 내가 일하는 모습을 존중한다. 하지만 노래하는 모습은 사랑한다"라는 태국 속담이 있다. 당신의 마음을 노래하게 만드는 것은 무엇인가? 당신의 영혼이 삶의 의미를 찾도록 하는 방법은 어디 있는가? 작가 올리버 웬델 홈즈Oliver Wendell Holmes는 "자기 노래를 불러보지 못한 채 무덤에 들어가는 사람이 대부분이다"라고 하였다. 당신은 자신의 노래를 그렇게 버려두지 않기를 바란다.

더 이상 감탄하지 못하고 한탄하는 사람은 죽은 것이나 다름없다.

— 앨버트 아인슈타인(물리학자)

마우이에 사는 덕분인지 나는 "그곳 주민들은 모두 행복하겠네요?"라는 질문을 종종 받는다. 지상낙원 같은 휴양지에 살면 얼굴 찌푸릴 일은 없으리라 생각하는 것이다. 하지만 안타깝게도 그렇지는 않다. 비싼 휘발유 값, 교통 체증 등 불평할 일은 얼마든지 널렸다. 아름다운 백사장, 열대의 산들바람, 뜨거운 햇살은 그저 당연하게 여겨버린다.

심리학자 에이브러햄 매슬로Abraham H. Maslow의 인간 욕구 단계 이론을 보면, 인간의 욕구는 낮은 단계에서 높은 단계까지 나뉜다. 처음에는 음식과 물이 필요하다. 이것이 충족되지 않으면 다른 욕구는 생각할 여지가 없다. 기본적인 생존에 모든 관심이 집중되는 것이다. 먹고 마시고 자는 문제가 해결되고 나서야 짝을 찾고 자녀를 낳으며 공동체에 소속되는 등의 상위 욕구로 넘어가게 된다.

그런데 여기서 기억해야 할 점이 있다. 이미 충족된 욕구는 더 이상 고려 대상이 되지 못한다. 우리에게 안전과 건강, 자유로운 삶은 이미 충족된 욕구이다. 아침이 오면 고통 없이 눈을 떠 자리에서 일어난다. 먹을 것은 골라 먹어야 할 만큼 충분하다. 가족과 친구가 있고 직업도 있다. 그렇다면 이 모든 것을 무시해도 좋은가? 우리는 대체로 자기가 얼마나 많이 누리고 있는지 좀처럼 깨닫지 못한다.

매슬로의 욕구 단계를 어떻게 넘어설 수 있을까? 하루에 15초만 시간을 내어 그날 좋았던 일을 달력에 기록해보면 어떨까? 오랫동안 연락 없던 친구가 걸어온 전화, 고객이 건넨 감사 인사, 나를 깔깔 웃게 만들었던 코미디언의 한마디, 귀가를 열렬히 환영해준 애완견, 무사히 끝낸 일 등 뭐든지 좋다. 머지않아 당신의 달력은 이 세상이 얼마나 좋은 곳인지 기억하게 만들어줄 것이다.

앞서 소개했던 자신감 계좌를 기억하는가? 주변의 좋은 일, 감탄할 일, 감사한 일 역시 자신감 계좌의 잔고를 늘려준다. 그리하여 당신의 자기 존중감을 높여줄 것이다.

삶을 스스로 다스리기 위한 행동 계획은?

비비안은 자녀들이 마련해준 실버타운에 들어갔다. 살던 집을 떠나기 싫었지만 자녀들은 안전하며 오락 및 의료 시설이 완비된 곳을 권했기 때문이다.

방해가 되는 말과 행동	도움이 되는 말과 행동
뒷줄의 마음자세를 갖는다. '아, 옛날이여. 다들 꼬부랑 노인뿐이야.'	앞줄의 마음자세를 갖는다. '버스 여행 프로그램이 있군. 재미있겠는데.'
삶이 자기를 다스리게 한다. '손자들과 멀리 떨어져 이렇게 혼자 살게 될 줄은 정말 몰랐어.'	스스로 삶을 다스린다. '새로 들어온 사람들을 위한 안내도 해준대. 나도 가봐야지.'
의혹을 품는다. '어떻게 일이 이렇게 되어버렸지? 우리 부부는 함께 은퇴해 여생을 즐길 줄 알았는데.'	감탄할 부분을 찾는다. '아직 건강하니 얼마나 다행이야. 수영장에서 수영도 할 수 있잖아.'
시간을 지루하게 흘려보낸다. '드라마들은 다 그게 그거야. 이게 무슨 시간 낭비람.'	즐거운 시간을 만든다. '옆방 친구에게 전화를 걸어 게임을 하러 오라고 해야겠다.'
모든 것을 당연하게 여긴다. '날 여기 가두다니! 애들은 내가 보기 싫었던 모양이야.'	모든 것에 감사한다. '이렇게 아름다운 곳에 살 수 있도록 돈까지 다 내주는 아이들이 있다니 복도 많지.'

나 스스로 만든 '오늘의 과제'

오늘부터 나는 _____ 할 것이다.

날짜_____   서명_____

Day
27

무엇이 당신의 발목을
잡고 있는가

아예 안 하는 것이 제일 안전하다. – 로버트 앨트먼Robert Altman(영화감독)

당신은 어떤 위험을 마주하고 있는가? 성공 확률을 높이는 요소들을 살펴보고 신뢰의 도약을 할 수 있겠는가? 자신을 자신감 화살표 위에 두고 전진과 후진 여부를 가늠해보자. 도전은 당신의 자신감을 북돋아주는가, 아니면 가로막는가? 오늘의 과제는 두려움에 맞서 뚫고 나아가는 것이다. 새로운 것, 평소와 다른 것, 당신의 능력을 약간 넘어서는 것을 시도해보라. 도전을 후회할 일은 없다. 그러나 도전하지 않는다면 오로지 후회뿐이다.

인간은 운명의 노예가 아니다. 자기 마음의 노예일 뿐이다.

– 프랭클린 루스벨트Franklin Roosevelt(미국 전 대통령)

"우리 귓가에서는 늘 두 가지 소리가 속삭인다. 아우성치는 두려움의 소리와 속삭이는 자신감의 소리이다." 작가 찰스 뉴콤Charles B. Newcomb의 말은 우리가 위험을 감수하는 순간을 명확히 드러낸다. 아우성치는 두려움의 소리에 굴복할 수도 있고, 속삭이는 자신감의 소리에 나를 맡겨 앞으로 한 걸음을 내디딜 수도 있다.

당신은 무엇을 시도하고 싶은가? 마음에 드는 이성에게 데이트를 신청하고 싶은가? 책을 쓰고 싶은가? 혼자 여행을 떠나고 싶은가? 새로운 사업을 시작할 꿈을 꾸는가? 무엇이 당신을 가로막고 있는가? '해야 하나, 말아야 하나?'라는 생각만 머릿속에서 뱅뱅 도는가? 기억하라. 언론인 휴 웰던Huw Wheldon은 "패배를 피하는 것이 아니라 승리에게 기회를 주지 않는 것이 죄악"이라고 하였다.

미래의 모습을 위해 현재의 모습을 언제든 희생할 수 있는가. 바로 이 점이 핵심이다. – 샤를르 뒤부아Charles Du Bois(박물학자)

전미 기마 대회에서 나는 무려 2미터의 장애물을 넘는 우승마를 본 적이 있다. 건너편에 무엇이 있는지 전혀 모르면서 뛰어오르는 일은 동물에게 그리 자연스럽지 않다. 하지만 귀를 뒤로 젖히고 기수의 신호를 기다리다가 몸을 솟구친 말에게는 일말의 의구심도 없었다. 전적으로 기수를 신뢰한 덕분이었다. 그날 출전했던 다른 어느 팀도 시도하지 못했던 높이의 장애물을 그림같이 뛰어넘은 그 말과 기수에게 모든 관중은 기립박수를 보낼 수밖에 없었다.

꿈을 이루고 싶다면 우리도 그렇게 장애물을 넘어야 한다. 의구심

자신감 화살표

위험을 감수할지 말지를 결정해야 하는가? 조금 겁나고 긴장되는 일을 앞두고 있는가? 상대의 제안을 받아들여야 할지 거절해야 할지 고민인가?

당신이 양쪽으로 뻗어나가는 화살표 위에 있다고 생각해보자. 그리고 첫째, 그 행동이 당신을 전진시켜 성장하도록 도와줄지, 둘째, 그 행동을 거부하면 후진하여 안주하는 것인지 자문하라. 다시 말해 행동하는 것이 행동하지 않는 것보다 유익한지 살펴보아야 한다. '그렇다'는 답이 나오면 전진하는 방향을 택하면 된다.

◄···►

안전지대로의 후퇴	성장으로의 전진
마음 편한 상태에 집착한다. '나더러 노래방에서 노래를 하라고? 그런 일은 절대 없을 거야.'	새로운 것에 도전한다. '좋아. 한 번은 시도할 수 있지. 안 그러면 노래방에서 노래하는 게 어떤 일인지 알 수 없으니까.'
알고 있는 것으로 후퇴한다. '늘 그렇듯 내 책상에 앉아 점심을 해결해야지.'	변화를 시도한다. '옆자리 동료에게 나랑 공원에서 도시락을 먹지 않겠냐고 말해봐야지.'
안전만을 좇는다. '무슨 엉뚱한 소리야? 난 급류타기 해볼 생각이 전혀 없어!'	불안을 받아들인다. '이번 주말에 급류타기 여행에 동참해야지. 좀 무섭지만 재미있다고 하던데.'
익숙한 것에 안주한다. '직장을 옮기지는 않겠어. 이사도 해야 하고 거긴 아는 사람이 하나도 없잖아.'	낯선 경험을 시도한다. '이번 기회에 직장을 옮겨야지. 내 역량을 키우고 새 친구도 사귈 기회야.'

없이 신뢰의 도약을 할 수 있어야 한다. 다음에 소개하는 자신감 화살표를 통해 의사결정을 할 때마다 우리가 연속체에서 전진, 혹은 후진하게 된다는 점을 이해할 수 있을 것이다. 목표는 늘 전진하는 것이다. 그리하여 자신감을 키우는 것이다.

하루에도 열 차례 이상 우리는 전진, 혹은 후진을 결정하게 된다. 누군가에게 함께 점심을 먹자고 제안하는 사소한 일부터 결혼이나 창업처럼 복잡한 일에 이르기까지 상황은 다양하다. 갈림길에 서서 어디로 가야 할지 망설일 때, 우리 목표는 늘 전진을 택하고 성장하는 데 있음을 명심하라.

지나치게 조심스러운 정책이 가장 위험한 정책이다. - 자와할랄 네루(정치인)

"과감하게 도약했는데 결과가 좋지 않으면 어쩌죠?"라고 묻는 사람도 있다. 늘 사업을 꿈꿨다는 한 여성은 모든 것을 잃고 파산할까 봐 두려워했다. 그리고 성공에 대한 확신이 없는 상태에서도 자신 있게 위험을 감수하는 것이 가능하냐고 반문했다.

물론 충분히 가능한 질문이다. 현명한 도전이 무모한 도박이 되지 않으려면 행동에 나서기 전에 위험 요소를 세심하게 평가해야 한다. 두려움이 근거가 있는 것인지 확인하는 것이다. 두려움에 합당한 근거가 있다면 무조건 움직이는 것은 무모하다. 반면 두려움이 단순히 새로운 시도에 늘 동반되는 불안감 때문이라면 정면 돌파가 현명하다. 일의 결과는 어차피 알 수 없지만, 다음 요소들을 점검한다면 성공 확률을 최대한 높일 수 있다.

● 조사 분석

긍정적인 측면이 얼마나 되는지 확인해보자. 당신이 하고자 하는 일은 예전에 이미 시도된 적이 있는가? 누가 어디서 어떻게 시도했는가? 지금 다시 시도하는 이유는 무엇인가? 다른 사람의 경험에서 배워야 한다. 사업을 계획한다면 해당 시장이 포화 상태는 아닌지, 산업이 팽창 혹은 축소되는 중인지, 특정 상품이나 서비스에 대한 수요가 있는지 점검하라.

● 정보 수집

해당 기술, 활동, 장소에 대해 가능한 한 많은 정보를 수집하고 전문성을 높여라. 사업을 계획한다면 회계, 법률, 인사 관리 등을 가르치는 창업 프로그램에 참여하는 것이 어떨까? 해당 분야 전문가가 여는 세미나 등에 참여하면서 노하우를 전수받는 것도 필요하다.

● 인적 네트워크 구축

서로 의지하고 힘이 되어줄 수 있는 동료들은 매우 중요한 존재이다. 관심사, 불안, 희망, 꿈을 공유하는 이들과 만나 교류할 방법을 찾아야 한다.

● 명확한 목표 수립

인본주의 점성학의 대표자 데인 러디어Dane Rudhyar는 "상상할 수 있는 것만이 실현 가능하다"고 하였다. 마음속에 명확한 목표가 세워졌다면 그 목표에 도달한 자신의 모습을 상상하라. 그래야만 그렇게 될 수 있다. 어디에 어떻게 가고 싶은지 모르는 상태에서 섣불리 도전을 시작해서는 안 된다.

몇 해 전 나는 여성 기업인 모임에서 강연할 기회가 있었다. 패널로 나온 다섯 명은 모두 창업했다가 실패한 여성들이었다. 이들은 각자 가진 돈을 다 투자해 온 마음을 쏟았던 사업이 결국 실패로 돌아간 이야기를 털어놓았다. 하지만 놀랍게도 누구 하나 창업을 후회하지 않았다.

물론 파산한 상황이 만족스럽지는 않았고, 무엇을 어떻게 실수했는지도 뼈저리게 절감한다고 했다. 그래도 중요한 것은 실패를 거울삼아 다시 시작할 꿈을 꾼다는 데 있었다. 도전하지 않았다면, 위험을 감수하지 않았다면, 이들의 새로운 도전은 아예 불가능하지 않았을까.

시험의 순간에 모든 미덕이 합쳐져 나타나는 것, 그것이 용기이다.

- C. S. 루이스C. S. Lewis(작가)

안전지대에서 빠져나올 작정을 하려면 용기가 필요하다. 두려움과 고난, 위험을 극복하고 인내하는 마음의 힘이 필요한 것이다. 우주비행사 샐리 라이드Sally Ride는 "새로운 세상으로 향해 가는 모험은 모두 두려워한다"라고 하였다. 그렇다. 위험을 감수하고 앞으로 나아가는 것은 누구에게나 정말로 두려운 일이다.

하지만 막상 도전해보면 그 가치를 깨닫는 법이다. 이제부터는 도전할 것인지 망설여질 때 자신감 화살표에 자신을 놓아보자. 그 도전이 성장으로의 전진인가? 도전을 거부하면 안전지대로 후퇴하는 셈인가? 당신이 늘 성장을 향해 전진하는 쪽을 택하길 바란다.

두려움을 물리치려면 어떻게 해야 할까?

레너드는 같은 건물에 근무하는 여성에게 데이트 신청을 하고 싶다. 자주 마주쳐 얼굴만 아는 사이다. 그 여성은 우호적인 느낌이지만 말을 꺼내자니 망설여진다.

방해가 되는 말과 행동	도움이 되는 말과 행동
두려워한다. '도저히 물어볼 수가 없어. 거절당하면 앞으로 어떻게 얼굴을 보지?'	두려움과 맞선다. '나한테 관심이 있는지 알려면 물어보는 수밖에 없어.'
계속 망설인다. '이미 남자친구가 있을 거야. 그럼 무슨 망신이람? 어차피 소득 없는 짓이야.'	계획을 세운다. '일단 직원 식당에서 점심을 함께 먹자고 해야겠다. 위험 요소를 줄이는 거야.'
해야 하나, 말아야 하나 망설인다. '무슨 이야기를 하지? 마주 앉으면 너무 긴장해서 아무 말도 생각 안 날 것 같은데.'	밀고 나간다. '가만히 있으면 결국 얻을 것이 없어. 지금 다가가서 물어봐야지!'
주저하며 접근한다. "아마 데이트에는 관심이 없으실 것 같은데, 맞지요?"	신뢰의 도약을 시도한다. "안녕하세요? 전 레너드라고 해요. 내일 직원 식당에서 저와 함께 점심 드실래요?"
무모하게 도전한다. '아예 이번 주말에 같이 스키 타러 가자고 해볼까.'	현명하게 도전한다. "혹시 샐러드를 좋아하시면 길 건너 샐러드 바에 가도 좋고요."
도전하지 않은 것을 후회한다. '난 정말 바보 같은 놈이야.'	도전을 후회하지 않는다. "좋아요. 그럼 내일 점심 때 봐요."

나 스스로 만든 '오늘의 과제'

오늘부터 나는 _____ 할 것이다.

날짜_____ 서명_____

새로운 세상을 소망하라

지루할 틈이 있으려면 인생이 백배는 더 길어야 하지 않을까?

— 니체F. W. Nietzsche(철학자)

안전만을 생각하다가는 언제 몸과 마음에 녹이 슬지 모른다. 톨스토이Leo Tolstoy는 "지루함은 욕망을 애타게 바라는 것"이라 했다. 당신은 무엇을 소망하는가? 당신의 삶에 새로움을 보태려면 어떻게 해야 할 것인가? 일상을 점검하고 개선할 점이 없는지 확인해보자. 낡은 일상을 버리고 좀 더 의미 있는 새로운 활동을 시도하는 건 어떨까. 지루함을 떨쳐내 자기 자신을 보다 건강하게 받아들여야 한다.

자, 친구여, 새로운 세상을 찾는 데 너무 늦은 때는 없다네.

– 알프레드 테니슨 경Alfred Tennyson(시인)

가수 존 바에즈Joan Baez는 "언제 어떻게 죽을지는 선택할 수 없다. 그저 지금 어떻게 살지 선택할 수 있을 뿐이다"라고 하였다. 문제는 우리 대부분이 어떻게 살 것인지 선택하지 않는다는 데 있다. 그저 습관에 따라 기계적으로 시간을 흘려보낼 뿐이다.

사랑하는 사람이 죽거나 직장을 잃거나 혹은 이혼을 당하는 위기 상황이 닥쳐야 우리는 비로소 새로운 세상을 찾기 시작한다. 익숙한 방식으로 하루하루를 보내지 못하는 입장에 놓여서야 깨닫는 탓이다. 그리고 그동안의 삶을 예외 없이 후회한다.

왜 꼭 그래야 할까? 위기 상황이 닥칠 때까지 기다리지 말자. 그러면서 귀중한 시간, 건강, 사랑을 낭비하지 말자. 혹시 당신은 세상 모든 시간을 다 가진 것처럼 행동하고 있지는 않은가? 죽음은 아득히 먼 얘기라고 생각하면서 말이다.

다양성은 즐거움의 어머니이다. – 벤저민 디즈레일리Benjamin Disraeli(정치인)

오늘도 어제같이, 내일도 오늘같이 살고 싶은 사람은 거의 없다. 다만 한번 판에 박힌 일상이 시작되면 빠져나오기 어렵다는 게 문제이다. 때문에 우리 일상이 삶의 질에 도움이 되는지, 아니면 방해가 되는지 차분히 평가해볼 필요가 있다.

워크숍에 참석한 어느 여대생은 처음으로 부모님 집을 떠나 살면서 매주 토요일 아침 9시에 안부 전화를 걸기로 약속했다고 한다. 몇 달 동안 빠짐없이 전화를 걸던 그녀는 점점 그 의무가 부담스러워지기 시작했다. 전화 때문에 친구들과 운동하는 일을 포기해야 했고, 마음 편히 늦잠도 잘 수 없었다.

나는 부모님에게 토요일 아침이 아니라 오후 늦게 전화를 드려도 괜찮을지 여쭤보라고 조언했다. 어떻게 되었을까? 부모님도 적극 찬성이었다. 부모님 역시 토요일 오전에 전화를 받기 위해 꼼짝없이 집에 있어야 하니 부담스러웠던 것이다. 여대생과 부모님은 서로 눈치만 보며 속을 태웠던 셈이다.

제 길에 들어섰다고 해도 그냥 앉아있다면 곧 뒤처지고 만다.

- 마크 트웨인Mark Twain(소설가)

어느 날 새 학년에 올라간 아들이 내게 도시락을 싸줬으면 좋겠다고 말했다. 학교 식당 음식이 너무 형편없다는 말에 나는 그러겠다고 약속했다. 하지만 도시락 싸기는 결코 만만한 일이 아니었다. 하루 일을 마치고 피곤한 몸으로 장을 봐 샌드위치 재료를 마련해야 했고, 심지어 급히 출장을 떠나기 직전에도 샌드위치를 만들어야 했다. 반년이 지난 후 늦은 밤 도시락을 준비하는 내게 아들이 다가와 망설이는 투로, 괜찮다면 앞으로는 학교 식당에서 점심을 먹겠다고 했다. 그 사이 식당 요리사가 바뀐 덕분에 음식이 좋아졌다는 것이다.

그 일 덕분에 나는 일상적으로 해오는 일이 정말로 필요한지, 계속 가치를 지니는지 수시로 점검해봐야 한다는 교훈을 얻었다. 혹시 당신도 이제 더 이상 유효하지 않은 일에 힘들게 매달리고 있지는 않은가? 만약 그렇다면 당장 던져버리자. 의미 없는 일을 떨쳐내고 훨씬 의미 있는 일에 그 시간을 쓰겠다고 자신 있게 말하는 것이다.

기회보다는 안전을 생각하는 사람이 너무도 많다.

– 제임스 번즈James F. Byrnes(정치인)

안전이란 공포나 불안이 없는 상태이다. 기회란 진보나 발전의 계기이다. 안전과 기회라는 두 개념이 서로 배타적이라고 생각하는가? 나는 그렇지 않다고 본다. 자신 있는 사람들은 삶에서 안전과 기회를 동시에 추구한다. 핵심은 둘 사이의 균형이다. 그러자면 현재의 자기 상태를 정확하게 파악하는 일이 먼저다.

불안정한 생활 방식을 따르고 있다면 당분간 성장의 기회를 포기하더라도 안전을 추구하게 된다. 외교관의 아내로 30년 동안 여러 나라를 돌아다니며 살았던 내 친구가 그랬다. 그녀는 한곳에 머물러 지내는 것이 꿈이었다. 반면 생활에서 안전이 지나치게 커지면 지루함이 생긴다. 이럴 때에는 변화를 시도해야 한다. 부부 사이가 너무 지루한가? 매일 저녁 거실에서 텔레비전을 보는 대신, 함께 낯선 곳으로 가서 새로운 음식을 먹어보면 어떨까? 마트나 영화관 외출이 전부였다면 이제부터는 주말마다 남편이나 부인이 고안한 새로운 경험을 해보는 것은 어떨까?

우리 삶에 새로움을 보태려면 상상력이 필요하다. 상상력을 투자해 자신과 자기 삶을 더 좋아하게 되면 자존감과 자신감 역시 커지기 마련이다. 작가 G. K. 체스터튼은 "모험은 삶의 샴페인이다"라고 하였다. 자, 이제 샴페인을 한잔 들이켜보라.

새로움을 보태기 위한 행동 계획은?

클라라는 벌써 수십 년째 똑같은 호숫가 캠프로 가족 휴가를 갔다. 이제 좀 지루하다. 뭔가 다른 휴가를 보낼 방법이 없을까?

방해가 되는 말과 행동	도움이 되는 말과 행동
위기 상황이 닥칠 때까지 변화를 미룬다. '벌써 30년째 이렇게 해왔어. 이제 와 바꿀 이유가 있어?'	위기 상황을 가정한다. '앞으로 몇 달밖에 살 수 없다면 지루한 곳에서 휴가를 보내고 싶을까?'
지루해한다. '별다를 게 없다는 건 알지만 값이 싸잖아.'	대담하게 생각한다. '돈을 좀 모으면 한 번도 가본 적 없는 새로운 곳에 갈 수 있을 거야.'
의미 없이 반복적으로 행동한다. '매년 원하든 원치 않든 그 캠프로 가왔잖아.'	의미를 부여한다. '올해엔 가족 이야기를 동영상으로 찍어보면 어떨까?'
극단적인 행동을 한다. '부모님께 전화해서 나는 올해엔 가지 않겠다고 말씀드리겠어.'	여유 시간을 확보한다. '부모님께 전화해서 휴가 기간의 절반만 캠프에서 보내겠다고 말씀드려야지.'
과거를 지워버린다. '두 번 다시 그 호숫가에는 가지 않겠어. 정말 질렸어.'	새로운 활동을 보탠다. '캠프에 가서 예전에 하지 않았던 새로운 활동을 찾아봐야겠어.'

나 스스로 만든 '오늘의 과제'

오늘부터 나는 _____ 할 것이다.

날짜_____ 서명_____

Day
29

'언젠가'는 영영 오지 않는다

운명은 기회가 아니라 선택의 문제이다. 운명은 기다리는 것이 아니라 쟁취하는 것이다.

– 윌리엄 제닝스 브라이언William Jennings Bryan(정치인)

당신의 꿈을 버리지 말고 실현하기 위해 노력해보자. 오늘의 과제는 잠자고 있던 꿈을 깨워 실현 계획을 세우는 것이다. 기회나 때를 마냥 기다리지 말라. 지금 당장 운명을 설계하라. 꿈을 실현하기 위해 어떤 단계를 밟아갈 계획인가? 장애물과 맞서 극복할 수 있다는 믿음을 가져라. 후회가 꿈을 밀어내지 않는 한 사람은 늙지 않는다고 한다. 과감히 꿈꾸어야 한다.

소설을 보면 사랑으로 상처 입은 사람들이 많다. 하지만 정말로 큰 상처는 꿈을 잃어버리는 데서 생긴다. – 펄 벅(작가)

당신에게도 잃어버린 꿈이 있는가? 자신감은 꿈을 실현하는 데서 생긴다. 현재 당신의 삶은 과거 꿈꾸어온 것과 얼마나 일치하는가?

워크숍에서 이런 질문을 던지면 냉소적인 반응을 보이는 참석자들이 많다. 하지만 냉소주의는 아무런 도움이 되지 않는다. 아무 부족함 없이 살고 있다 해도 바라는 것을 단 하나도 이루지 못했다면 상처가 남게 마련이다. 그러나 단 하나의 꿈이라도 살아있다면 우리 삶은 활력을 잃지 않는다.

밟고 있는 땅을 잠시 잃어버리는 것은 대담한 일이다. 하지만 영혼을 잃는 것은 대담한 일이 못된다. – 키에르케고르(철학자)

"대체 그 하나의 꿈이 무엇인지 모른다면 어떻게 해야 하죠?"라고 묻는 사람이 있었다. 만약 당신도 그렇다면 몇 분만 시간을 내어 다음 세 가지 질문에 답해보자. 당신이 정말로 바라는 것이 무엇인지 알아내는 데 도움을 줄 것이다. 단, 솔직하게 대답하는 것이 중요하다. 남의 시선을 의식하거나 도덕적 가치 역시 고려하지 말아야 한다.

- 의사로부터 앞으로 단 한 달 살 수 있다는 선고를 들었다고 가정해보자. 그 한 달 동안 하고 싶은 일을 두 가지만 꼽는다면 무엇인가?
- 앞으로 3년 동안 당신이 이루고 싶은 일 한 가지를 꼽는다면 무엇인가?
- 5년 전 내 모습을 돌아보자. 지금과 비교했을 때 진보된 상황이 만족스러운가? 아니면 다른 가능성을 놓쳐버렸다는 생각이 드는가?

시詩는 끝나지 않는다. 오직 버려질 뿐이다. – 폴 발레리Paul Valery(시인)

워크숍 참석자 중에 유명한 영화 학교를 중퇴한 여성이 있었다. 오랫동안 입학을 꿈꿔왔던 학교였고 첫 한 해 동안 열심히 공부하며 행복한 시절을 보냈다. 그러나 갑자기 부모님 건강이 악화되면서 어쩔 수 없이 휴학하고 고향으로 돌아가야 했다. 생활비도 벌어야 했으므로 우체국에 취직했지만, 우편물 분류 일이 적성에 맞지 않아 힘들어하고 있었다.

연로한 부모님을 보살피며 고향에서 사는 것은 이 여성의 머릿속 우선순위였다. 머릿속 우선순위란 어떻게 살아야 한다는 판단이다. 그런데 머릿속 우선순위를 선택한다고 해서 반드시 마음속 꿈을 포기해야·하는 것은 아니다.

　나는 그녀에게 우체국에서 일하며 생활비를 벌되, 가까운 지역에서 열리는 영화제에 자원봉사를 하거나 영화 편집 아르바이트 등을 하면서 경험을 쌓으면 어떻겠냐고 조언했다. 부모님의 일생을 주제로 다큐멘터리 영화를 만들 수도 있지 않을까? 마음속 꿈을 계속 간직하고 추구하는 것은 이기적인 행동이 아니다. 현명한 행동이다.

우리는 늘 살아갈 준비만 할 뿐 살지는 못한다. – 랄프 왈도 에머슨(시인)
....

　마음속 꿈이 무엇인지 잘 알면서도 계속해서 '언젠가'로 미뤄놓는 경우도 적지 않다. 은퇴하면 여행을 떠나겠다거나, 직장 일이 좀 한가해지면 아이들과 놀아주겠다는 식이다. 경제 사정이 좋아지면 창업하겠다는 사람도 있다. 하지만 그 '언젠가'는 영영 오지 않을지도 모른다. 자신감 있는 사람들은 이상적인 상황이 찾아올 때까지 기다리지 않는다. 모든 게 완벽한 때는 없다는 것을 알기 때문이다.

　결혼하면 자기 집을 마련하겠다는 꿈을 꾸는 여성이 있었다. 하지만 마흔 중반이 되면서 영영 결혼을 못할 수도 있다는 사실을 깨닫기 시작했다. 처음에는 좌절했지만 곧 마음을 고쳐먹었다. 좋은 남편감을 만나는 일은 자기 능력 밖이지만, 집을 마련하는 일은 자기 능력으로 할 수 있다고 생각한 덕분이다.

건축가와 함께 자기 집을 설계한 이 여성은 집에 들어설 때마다 원하던 것을 얻었다는 생각에 마음이 뿌듯하다고 한다. 이것이 자신감이 아니라면 무엇일까?

과감히 꿈꾸기 위한 행동 계획은?

데니스는 늘 비행사가 되고 싶었다. 공군 조종사에 지원한 적도 있지만 시력 때문에 탈락했다. 그 후로 막내 아들이 성장해 돈과 시간이 여유로워지면 조종사 자격증을 따겠다고 별러왔다. 이제 막 막내가 장성해 집을 떠난 참이다.

방해가 되는 말과 행동	도움이 되는 말과 행동
구실을 찾는다. '벌써 내 나이가 마흔다섯이야. 게다가 집 대출금도 아직 남아있잖아?'	꿈을 꾼다. '늘 비행 교육을 받고 싶었어. 이제 시작해서 안 될 게 뭐지?'
후회할 생활을 한다. '직장 일이 한가해지면 시도하겠어.'	후회하지 않도록 행동한다. '일반인을 위한 비행 학교에 전화를 걸어 문의해봐야지.'
좌절한다. '난 평생 직장과 집을 오가면서 빚만 갚다 끝날 거야.'	계획한다. '나를 위해 이거 하나는 해볼 거야. 나는 나한테 이 정도 베풀 자격은 있으니까.'
뒤로 미룬다. '비행 강의는 일요일에만 있다는군. 그럼 정원 일을 할 수가 없잖아. 하는 수 없이 몇 달 미뤄야겠어.'	운명을 설계한다. "일요일 3시에 시작하는 프로그램에 등록하겠어요."

나 스스로 만든 '오늘의 과제'

오늘부터 나는 _____ 할 것이다.

날짜_____ 서명_____

What's Holding You Back?

8부

내 인생에 찾아온 두 번째 기회

세상의 그 어떤 아름다운 생각도 사랑스러운 행동 하나에 미치지 못한다.
– 제임스 러셀 로웰James Russell Lowell(시인)

Day
30

과감하게 꿈꾸어라

내 삶이 정말 얼마나 멋진지! 진작 깨닫지 못한 것이 애석할 뿐!
― 콜레트Collette(작가)

당신도 지금 당신의 삶이 얼마나 멋진지 깨달았으면 좋겠다. 지금까지 읽으면서 이 책의 내용이 마음에 와 닿았기를 바란다. 더 나아가 이 책에서 얻은 것을 행동으로 옮겨주기를 간절히 바란다. 벤저민 프랭클린도 "행동은 말보다 훨씬 더 좋다"라고 했으니…….

위대한 비밀을 말해주겠네, 친구여. 최후의 심판을 기다리지 말게. 심
판은 매일 일어나고 있다네. — 알베르 카뮈Albert Camus(작가)

시인 존 치아디John Ciardi가 "자리에서 일어나든 일어나지 않든 하루는 시작된다"라고 했듯이, 당신이 감사하든 그렇지 않든 삶은 흘러가고 있다. 그렇다면 주어진 삶을 최대한 유익하게 보내는 편이 좋지 않을까? 절망보다는 희망으로 하루를 채우고, 이기적 소비보다는 의미 있는 봉사를 추구하며 현명하고 즐겁게 살아야 마땅하지 않을까?

'좋은 얘기지만 나한테는 별로 와 닿지 않아'라고 생각하는가? 그렇다면 "현재 내 모습이 아니라 현재 내가 하지 않는 행동이 상처를 남긴다"고 했던 피아니스트 오스카 레반트의 말을 기억하라. 그리고 자신감 있게 삶을 이끌어나가기 위한 다음 지침들을 다시 한 번 마음에 새겨보자.

- 실수에서 배우고 성공의 나선을 만들자.
- 마음을 열고 삶의 작은 기쁨과 놀라움을 받아들이자.
- 당신이 바라는 바를 당당히 이야기해보자. 당신과 상대의 요구는 조화를 이루어야 한다.
- 두려움을 직시하자. 현명하게 위험을 받아들이고 삶에 새로움을 더하는 것이다.
- 먼저 행동하라. 다른 사람이 먼저 다가오기를 기다려서는 아무

것도 시작할 수 없다.

- 과감히 꿈꾸어라. 의미 있는 목표를 실현하라.

- 모범이 되어라. 한계를 뛰어넘어라.

- 비교하지 말자. 편안하게 감탄하거나 도전의 계기로 삼아보자.

- 우정을 키워나가자.

- 격려하고 교육하라. 당신이 가진 것과 아는 것을 아낌없이 나 누어야 한다.

우리가 하는 행동 하나, 말 한마디가 모두 우리의 모습을 만든다. 남에게 베푼 친절, 극복한 편견, 이겨낸 어려움, 뿌리친 유혹 하나하나가 우리가 되고픈 사람에 한 걸음 더 다가가도록 한다.

– 딘 스탠리Dean Stanley(성공회 신부)

지금까지 자신감이라는 큰 주제 아래 여러 가지 이야기들을 소개했다. 이 가운데 당신의 일상에서 활용 가능한 방법들이 많이 제시되었기를 바란다. 그러나 좀 더 당당하게 세상에 나서려면 나머지 몫은 바로 당신이 맡아야 한다.

이 책을 그저 책장에 꽂아두지 말았으면 좋겠다. 늘 가까운 곳에 두고 시간이 날 때마다 손에 잡히는 부분을 펼쳐 다시 읽어주면 좋겠다. 어쩌면 그 순간 자신감으로 가는 여정에서 당신을 지탱해줄 한마디를 찾게 될지 모르니까.

이 책의 출판 과정에서 초고를 검토해준 사람들은 오류를 바로잡는데 그치지 않고 내용에 크게 공감해주었다. "책이 나오기 전까지 내용을 남에게 이야기하지 말라고 했지만 도저히 참을 수 없어 친구와 산책하면서 조금 털어놓았답니다. 그날 우리는 그 어느 때보다도 깊은 속 얘기를 나눌 수 있었어요"라는 말도 들었다. 내게는 더할 나위 없이 고마운 일이었다.

당신도 친구와 함께 책의 내용을 나눠보면 어떨까. 더불어 생각하고 대화하는 시간은 당신과 친구 모두에게 유익할 뿐더러, 즐거움과 재미도 두 배로 늘려줄 것이다.

마침내 기쁨을 신뢰하고 받아들이게 된다면, 당신은 모든 것과 춤추게 되리라. - 엠마누얼Emmanual

자신감 추구는 인생에서 영원히 끝나지 않을 일이다. 나는 이 책을 읽은 당신이 지금 당장 시작하기를 바란다. 그리고 직장이나 집, 학교, 사회에서 당신의 기쁨을 최대화하는 노력을 계속하기를 바란다. 단계적으로 자기를 신뢰하게 되면서 마침내 당신 역시 모든 것과 춤출 수 있을 것이다.

내가 좋아하는 말 중에 이런 것이 있다. "모두가 인생에 찾아온 두 번째 기회라는 기적을 받아들였으면 합니다." 목사 데이비드 스티어 David Stier의 말이다. 이 책이 '두 번째 기회'가 되어 당신의 인생을 한 차원 높여준다면 내게는 더없는 기쁨이 될 것이다.

모든 것을 인내해야 하지만 특히 자신을 인내하도록 하라.
자신의 불완전함을 인정하면서도 용기를 잃지 않고 극복할 줄 알아야 한다.
매일 새롭게 도전하라.
– 성 프랜시스 드 살레Saint Francis de Sales

적을 만들지 않는 대화법
사람을 얻는 마법의 대화 기술 56
샘 혼 지음 | 이상원 옮김
280쪽 | 12,000원

함부로 말하는 사람과 대화하는 법
괴물과 싸우면서 괴물이 되지 않는
대화의 기술
샘 혼 지음 | 이상원 옮김
276쪽 | 13,000원

사람들은 왜 그 한마디에 꽂히는가
사람을 끌어당기는 말,
사람과 관계 맺는 말
샘 혼 지음 | 이상원 옮김
248쪽 | 13,500원

집중력, 마법을 부리다
일 잘하는 사람의 몰입 기술
샘 혼 지음 | 이상원 옮김
272쪽 | 13,000원

심리학, 미루는 습관을 바꾸다
자꾸만 미루는 습관을 이기는
심리 훈련
윌리엄 너스 지음 | 이상원 옮김
232쪽 | 13,000원

기억력, 공부의 기술을 완성하다
내 머릿속에 성공 엔진을 달아줄
창의적 기억 훈련법
군터 카르스텐 지음 | 장혜경 옮김
246쪽 | 14,000원

평정심, 나를 지켜내는 힘
비이성적인 세상에서 내 마음을 다스리는
심리 훈련
토마스 호엔제 지음 | 유영미 옮김
248쪽 | 13,000원

카리스마, 상대를 따뜻하게 사로잡는 힘
내면의 슈퍼스타를 끌어내는
실천적 행동 지침
올리비아 폭스 카반 지음 | 이세진 옮김
304쪽 | 14,000원

언제든 다시 시작할 수 있는 용기

초판 1쇄 발행 2009년 11월 20일
개정판 1쇄 발행 2016년 3월 28일

지은이 샘 혼
옮긴이 이상원
펴낸이 박선경

기획/편집 • 이지혜, 인성언
마케팅 • 박언경
표지 디자인 • 서채홍
본문 디자인 • 김남정
제작 • 디자인원(031-941-0991)

펴낸곳 • 도서출판 갈매나무
출판등록 • 2006년 7월 27일 제395-2006-000092호
주소 • 경기도 고양시 덕양구 은빛로 43 은하수빌딩 601호
전화 • (031)967-5596
팩스 • (031)967-5597
블로그 • blog.naver.com/kevinmanse
이메일 • kevinmanse@naver.com
페이스북 • www.facebook.com/galmaenamu

ISBN 978-89-93635-68-3/03320
값 13,000원

이 도서의 국립중앙도서관 출판예정도서목록(CIP)은 서지정보유통지원시스템 홈페이지
(http://seoji.nl.go.kr)와 국가자료공동목록시스템(http://www.nl.go.kr/kolisnet)에서 이
용하실 수 있습니다. (CIP제어번호: CIP2016005830)